假性孤兒 × 毒犯父母 × 重男輕女 × 外遇私生子

從「投胎」開始就犯錯的他們，透過諮商一步步走回正途

當「家」成為痛苦的起點

無法逃脫的牽絆

SHACKLES OF HEART

▶滿十八歲的我，昨天晚上和母親「同床共枕」了 ▶我在私處刺了一隻黑天鵝，但我真的不是壞孩子

▶大人在意的永遠只有分數，絲毫不關心我這個人 ▶一直到媽媽過世，我才知道她在當別人「小三」

如何打開少年孩子的心房，中學輔導老師現身說法；
啟動生活的「難題拆解機」，把親子矛盾化為溫馨回憶

譚寶屏 著

目錄

目錄

目錄

前言

這是一本青少年心理故事書，是為了中小學學生家長而寫，目的是幫助家長們更容易理解自己孩子身上發生的事，在「看見」孩子的時候，也「看見」自己，從而做好自己孩子的心理醫生。

雖然有的故事看起來比較少見，但是，背後揭示的人心、人性卻是真實的。

人性的各種欲望與價值的多元化、資訊爆炸式呈現，使我們每個人都感到動盪不安，在這樣「複雜」、「變化」的環境中必然會產生很多焦慮和無助，這會直接影響我們的行為，也會波及我們的人際關係，尤其是跟我們關係最親密的家人。

我是一名中學輔導老師，在面對故事中呈現的種種人生的苦難和當事人各種內心的煎熬時，只能盡自己的綿薄之力，做力所能及之事。

這本書的寫作源於一個樸素的想法：透過本書，普及一些青少年心理健康方面的知識。當家長遇到發生在自己身邊或者就是發生在自己身上的類似情況時，有可以參照的對象，至少可以減輕一些焦慮和不安，或者有一些思路可以借鑑。這樣，就能幫助社會上更多的家長和孩子。

這本書能夠最終呈現在大家面前，非常感謝很多人的默默付出，他們是學校的主管、同事和學生，是他們的信任和支持給予我廣闊的工作空間和機會，還有我的各位老師和同學，是他們一直陪伴我在這條並不輕鬆的道路上不斷前行，以及我的家人，是他們一直以來默默地付出和奉獻，始終支持著我。

最後，我衷心地祝願每一位家長都能做好自己孩子的心理醫生，讀懂孩子、尊重孩子、呵護孩子，讓孩子能夠積極進取、獨立自主、健康成長。

譚寶屏

第一章　錢是最重要的嗎
—— 被父母拋在家裡的孩子

「譚老師，你幫我看看這個孩子。」說話的是高一年級的班導師W老師，「她是我們班的國文小老師，成績很好，作文尤其寫得好。」說話間W老師欣慰的表情變成焦慮、擔心，「可是，最近，她的作文裡老是流露出很多情緒，讓人很不放心。你是輔導老師，幫我看看。」

這位班導師口中的學生Z，我也是略有耳聞，她不僅是校報主編，還是學校廣播站的文編，作文也是經常獲獎，人還長得清秀，是全校男生心中的「女神」，常常被告白，是校園風雲人物。

下午，Z按時來到輔導室。

坐下後，我仔細觀察眼前這個女孩：

瘦瘦高高的樣子，有幾綹頭髮隨意地垂在耳邊，其餘的紮成馬尾，薄薄的耳翼，在陽光下透著光，還能看到細細的絨毛。校服整潔，衣領上畫著一隻小小的蜻蜓，只是畫得很小、很仔細，不注意的話，會以為是個墨跡。

她抬眼望著我，等著我說第一句話。

「你好！我是譚寶屏，學校的輔導老師。」

她似乎一愣，回應道：「您好！譚老師。」

「妳不打算做一下自我介紹嗎？」我微笑著望著她。

「您不知道我是誰嗎？」

「我想聽妳自己說說，妳是誰，妳為什麼會來這裡？」

她看著我，想了想，說：「我是Z，老師讓我來的，我不知道為什麼會來這裡。」

我微笑著看著她：「那妳對此有什麼自己的理解嗎？」

她低垂眼簾，沉默了。

我默默地注視著眼前這個孩子，她到底有怎樣的經歷，對這個世界有怎樣的看法，她到底是怎樣的人呢？

過了一會兒，她開口了：「老師，您說，錢是世界上最重要的嗎？」

我怎麼也沒想到，她會突然談到這個話題，迎著她的目光道：「妳自己是怎麼看的呢？」

過了一會兒，她似乎字斟句酌地說：「我覺得，錢，的確很重要，它能讓我們活下來，能讓我們活得更好。但是，錢也能讓我們失去很多。所以，我覺得，我寧願選擇清貧的生活，也不想失去另外的東西。」

她的眼裡有堅定的光。

到底發生了什麼，讓她一開始就和我談「錢」這個話題？

「哦，妳能說得更具體一些嗎？」

於是，一幅生活畫卷在我面前慢慢展現，情節與大多數隔代教養孩子的生活類似：

Z 父母都在國外工作，Z 從 7 歲起就開始住校，節假日和爺爺奶奶一起生活，父母有時候會在過年時回來，有時過年也不回來。至於父母在國外做什麼，能賺多少錢，Z是不知道的，只是，每次奶奶給生活費時都會絮絮叨叨地說：都是為了妳，父母才到那麼遠的地方工作，妳要知道父母的辛苦，要好好讀書……

剛開始，Z還對父母在國外工作心懷愧疚，努力讀書，成績也一直不錯，想著也許自己成績好的話，父母就會高興，就會留下來，不再離開自己。可是，父母還是會照常離開。

後來，父母回家，Z也不知道要跟他們說些什麼，父母回家也只是簡單地問一下自己的成績，然後就無話可說了。自己如果考得好，那還好些；如果不湊巧考得差一些，爸爸不會說什麼，只默默地吸菸，媽媽就會反反覆覆地嘮叨自己在外多不容易，受了哪些罪，吃了什麼虧，就指望Z能夠好好讀書，將來考個好大學，找份好工作，不要像自己一樣……

可是，從小住校，內心的孤獨，對父母的思念，父母回家後的疏遠而非想像中的親密，對父母離開自己的怨恨，對父母不能理解自己和原諒自己偶爾失誤的不滿，對自己怨恨父母、不理解父母、不能原諒父母的自責，對自己的境遇的憤怒，對自己無力掌控自身命運的無奈與絕望……反反覆覆、許許多多、各式各樣混雜的情緒，理不清還無處訴說。

寂寞的日子，Z只能透過閱讀大量的書籍排解、消遣，透過閱讀，Z開闊了視野，了解很多課本外的知識和世界，但是，對父母常年在外她仍然不能接受：覺得自己已經這麼努力了，也取得了在同齡人中不錯的成績，為什麼父母還是只會問自己的成績，一旦沒讓他們滿意，他們就會擺出一副苦大仇深的樣子，像是他們的不如意都是自己造成的一樣，憑什麼？作為父母，他們為什麼只會也只能透過出國工作的方式來謀生，為什麼他們就不能和自己談談心，聽自己講講心事、說說煩惱？為什麼一回家就找親戚打牌、喝酒，沒有更高級的娛樂方式……

「他們到底在國外做什麼，沒人知道；到底賺多少錢，沒人知道；為什麼不能至少每年過年回家一次，沒人知道；到底錢對他們來說有多重要，是不是只要有錢，就有一切，就什麼都可以解決？」

到最後，Z 幾乎是在咆哮，雙手蜷曲著攤向空中，像是要接受什麼，又像是要拒絕接受，滿臉淚痕，然後無助地趴在面前的小桌上，將臉埋在臂彎裡失聲痛哭，肩膀聳動，泣不成聲。

像 Z 這樣的孩子，在鄉下學校不是少數，而大多數在學業上會多多少少受到影響，像 Z 這樣成績優異的並不占多數。

大多數的隔代教養兒童，從小父母就不在身邊，缺少親子間建立情感聯結的機會，當父母回家時，有的顯得特別黏人，很快就和父母「熟絡」起來，恨不得天天跟父母在一起，能像膏藥一樣貼在父母身上最好；有的顯得「很有禮貌」，跟父母客客氣氣的，有問必答，沒事不吭聲，一個人待著；有的父母回來了就跟沒回來一樣，對他沒什麼影響，他照樣該吃吃該睡睡，也不像父母希望的那樣主動跟父母聊天，顯得非常冷漠；有的反而顯得很煩躁，不能跟父母「好好說話」，像吃了火藥一樣，說不到兩句就「炸」，好像父母欠了他很多似的……各種表現，當然也不是每一種表現都很極端，這裡就不一一列舉。

雖然在成年人看來，在外地工作是情不得已，是為了家人能過上好日子的「最好選擇」。但孩子不一定這麼認為，孩子會給出千百種自己的解釋。

比如：有些孩子可能認為，是自己的出生給家庭帶來了負擔，要是自己不出生，不上學，不考大學，父母就不會因為考慮自己將來要花很多錢而離鄉背井，就不會造成一家人不能團聚的現狀 —— 這往往跟家人如何解釋「父母為何要在外地工作」直接相關，大多數華人家長會解釋為「都是為了你能有好生活」、「為了你讀書」、「為了將來替你買房子」……

又比如：有些孩子認為是自己成績不好，父母不喜歡自己，父母不想要一個成績不好、不聽話的「壞孩子」，所以他們才寧願到很遠的地方，也不願在家看到自己，免得「噁心」或者「傷心」。這跟父母或「代理家長」如何解釋「父母對孩子的期望」相關，比如：有些人會解釋為「不想在家看到你那個倒楣樣」、「我在家就覺得心情很糟，還不如出去賺點錢，要是你以後沒出息，我還能自己養活自己」、「你能讓我放心？算了吧！」……

再比如，有些孩子會認為：自己的父母沒本事，不能賺到足夠的錢養活家人，只能去外地工作。這樣的父母也沒「資格」要求自己「功課好」、「聽話」……這往往與家人相互之間如何評價相關。

也許父母／代理家長的本意是為了「督促」孩子好好讀書，用心理學上的解釋就是引發孩子的「內疚」，利用孩子產生的「內疚」來迫使孩子約束自己的行為，使其成為父母希望的樣子 —— 好好讀書，聽話，乖……但這些行為背後也許僅僅是父母在塑造自己「完美父母」的形象或宣洩自己的不滿情緒，或者僅僅是一時的「無心之語」。

但是，孩子在心裡可不會完全按照父母希望的樣子去理解和接受。

心理學上有個著名的「恆河猴實驗」：讓新生的嬰猴從出生第一天起就和母親分離，之後的 165 天和「兩個母親」在一起 —— 鐵絲編成的「猴媽媽」和布料做成的「猴媽媽」。「鐵絲媽媽」的胸前掛著奶瓶，「布料媽媽」沒有。雖然當嬰猴和「鐵絲媽媽」在一起時能喝到奶，但牠們寧願不喝奶，也願和「布料媽媽」待在一起。因為「布料媽媽」柔軟的身體能讓牠們感受到親密的接觸、撫慰與愛。

這個實驗實際上證實了：讓我們活下去、活得有滋有味的是「愛」，而不是我們通常認為的「富足的物質」。

從這個實驗中，我們能夠解釋新聞上報導的「兒童自殺事件」—— 那些自殺的兒童，有些並不是我們想像的因為「貧寒」而自殺，可能僅僅是因為「沒有愛」、「沒有關心」、「無法感受到溫暖」，同時也喪失了自身存在於世界上的「價值感」和「意義感」。

鑑於 Z 的情況，做過多的個體輔導，效果並不理想。於是，我將她轉給團體輔導的老師，希望她透過參加同質團體輔導，獲得更好的幫助。

所謂的「同質團體」，就是團體成員具備相同的性質或屬性，比如：隔代教養學生、重組家庭學生（又可分為：單姓子女、雙姓子女和多姓子女等）、單親家庭學生（又可分為：離異單親、死亡單親、服刑人員單親等）、學業困難學生、人際關係困難學生、情緒管理困難學生、時間管理困難學生等。

在同質團體中，由於團體成員有相同或相似的處境與困難，比較容易產生「被理解」的感覺，也能夠比較容易接受團體成員的建議和嘗試用團體成員的方法去解決問題。同質團體還能夠給學生很大的支持，使學生感到「至少自己不是唯一的不幸者」，有利於建立積極有效的社會支持系統。

後期，透過團輔老師的回饋和我們的督導活動，我了解到，Z在團體裡獲得了很大的支持，了解到自己的這種境況不是少數，自己經歷的心理變化、對父母愛恨交織的情感非常正常，自己遇到的各種困難處境也並非僅僅是因為「被拋棄」而產生的。透過團體的一次次主題活動，Z找到了朋友，發現了與自己有相同境遇的人，獲知一些別人在面對相似的困難時採取的各種解決辦法……

現在，Z參加的團體輔導已經結束，但是Z和她的同伴們在團體輔導中獲得的成長和友誼卻長久地留存下來，成為有效的社會支持系統的一部分。Z也可以和父母有比較通暢的交流，能夠向父母表達自己的情感和需求，而不再像過去那樣只能與書本交流，只能透過作文宣洩和抒發感情。

【給父母的建議】

處理好自己的問題，做「職業父母」。

也許對有些人而言，做父母並沒有經過深思熟慮，都是「順其自然」。正如同有些專家說的：「沒有經過培訓，就匆匆上崗。不僅對孩子很不負責，也是在毀掉自己的人生！」

雖然人生的路不可能盡在掌控之中，但是有準備總好過完全「兩眼一抹黑」。古語雲，「凡事豫則立，不豫則廢」，說的就是這個意思。

父母養育我們的經驗和上一代傳承的教育經驗，都是很好的借鑑，但是，每個個體都是如此鮮活與不同，加之如今的社會生活充滿各種誘惑與壓力，同樣的狀況，每個人都可能會有不同的解讀與對策，結果自然不同。也許在我們小時候「理所當然」或「情非得已」的事，在今天看來就是「不可原諒」，所以完全借鑑父母養育我們的經驗，也有不靈的時候，甚至可能帶來不良後果。

而作為「職業父母」，就是要求我們每一個希望成為父母的人像「專業經理人」一樣，凡事從最有利於孩子成長的角度出發，而不僅僅是從父母自己的角度出發，或者僅僅從當下的現實層面去考慮。哪怕最後真的要做出「不得已」的選擇，我們也要從孩子的角度去理解和思考，給予孩子足夠的時間和空間去理解和接受，並且創造條件讓孩子感受到來自父母最真切的愛和祝福。

所以，在我們調整好自己，找到自己的人生方向，找到適合自己的職業，找到合適的、可以共同經歷養兒育女等諸多人生考驗的伴侶之後，再考慮為人父母，是一種對子女、對自己、對父母、對家庭負責任的態度。

如果已經為人父母，那我們可以怎麼做呢？

1. 讓孩子感受到來自父母的關心與愛

做父母的愛子女，不用質疑，但是，能不能讓孩子感受到，那需要能力和技術。可以透過以下 5 種方式讓孩子感受到來自父母的關心和愛。

(1) 肯定的言辭

常年離家，不在孩子身邊，孩子需要面對很多同齡人不會遇到的問題，他們能夠去面對就是很了不起的。不管孩子在學業、在人際關係、在生活自理等方面表現如何，都應該得到父母的肯定，至少肯定他們的努力和對家人外出務工的支持。

另外，得到最親密的人的肯定會帶來莫大的幸福感和價值感。俗話說：良言一句三冬暖。

有一個心理學效應 ——「期待效應」，又叫「羅森塔爾效應」或者「比馬龍效應」。說的就是，如果我們身邊的人對我們有某種期待，我們就很有可能成長為被期待的樣子。

舉個例子：如果父母的眼中，我們是努力的、上進的，哪怕我們能力不足，我們至少會去努力，因為我們不想讓親人失望；如果父母老是對我們失望，不相信我們，那我們還有必要努力嗎？反正努力了你也看不到。最大的可能就是「破罐破摔」，放棄對自己的要求。

父母可以從以下幾個方面肯定孩子：

努力、上進、善良、禮貌、自我管理（時間、情緒、人際等）……肯定孩子的行為，不要僅僅看結果。

(2) 精心的陪伴

在外地工作，與孩子相處的時間本就珍貴，如何讓相處的時間成為美好的記憶，成為孩子內在的心理能量，支撐他去面對自己的困難和問題，就是一門學問。

比如：回家之後，和孩子一起完成一項工作，為家庭一起出力做一件可以看得見的實物，比如：孩子養兔子，就可以一起做個兔籠。或者和孩子一起去釣魚，或者一起看一場電影。無論什麼，只要是能讓孩子和你心與心貼近的活動都可以。讓孩子在與你一起的時光中感受到來自父母的關心和愛。

(3) 服務的行動

幫助孩子，給予他實際的支持，能在相當程度上增進親子間的情感。比如給孩子做一頓飯，不一定要多麼豐盛，但是，孩子能吃到常年不在身邊的父母做的飯，會是很美好的記憶。再如，替孩子親手織件毛衣。雖然可能買的更實惠，更暖和，更漂亮，但那一針一線裡飽含著父母的舐犢深情，孩子就算不穿，也能感受到父母的愛和關懷。無論怎樣的服務行動，只要能讓孩子感受到來自父母的關心和愛就可以。

不要覺得「我賺錢給你了，你自己拿去愛買什麼就買什麼，父母放心孩子高興」。

親自為孩子做事，為他提供服務，照顧他，孩子能深切地感受到父母對他的愛和關心。類似很多富二代大把花著父母賺的錢卻說父母不愛自己的現象，就很能說明問題。

(4) 身體的接觸

亞洲人往往比較害羞，不願意接觸彼此的身體。可是我們的皮膚也是需要愛和擁抱的。運動員上場前教練往往會給他一個有力的擁抱，為的就是給他支持和鼓勵。親人間的身體接觸，摟摟抱抱都能帶來愉悅的感受。

不要覺得孩子一天天大了，就不願意和父母親近了。無論何時，人都是需要身體接觸的。連動物都會透過身體的接觸來示好，更何況人。當然，要根據孩子的性格和年齡，選擇接觸的身體部位。小孩子就來「熊抱」「舉高高」。大些了，羞澀了，異性父母就可以根據孩子的性格，摸摸頭、拍拍肩、摟摟肩、親親額頭，上街拉拉手、挽挽手臂，都可以。如果孩子不願意，就不要強迫，避免適得其反。

(5) 珍貴的禮物

現在送個禮物似乎不是大事，可送禮物卻是很有講究的。

禮物不在於價錢貴賤，而在於心意。

孩子盼望已久的禮物、父母工作地的特色物件、能讓孩子睹物思人的物件、能給孩子帶來鼓勵和支持的物件……都是不錯的禮物。

能夠讓孩子在父母不在身邊的日子裡，看到就覺得父母無論身在何處，心裡都有自己，都在關心著自己，都在關注著自己的小小物件，也許並不昂貴，但是會有力量，陪伴孩子成長。

2. 相信孩子

不在孩子身邊，孩子每天的生活、學習究竟是怎樣的，我們不得而知，免不了很多的憂慮。要是孩子學業不盡如人意，再出點什麼打架、考試作弊之類的事，父母的心會是怎樣的煎熬，可以想像。因此，做父母的常常會嘮叨，而且由於學歷、閱歷、性格等原因的限制，可能還「嘮叨」得很沒水準，就是那麼兩三句翻來覆去地說，或者都是些空洞的「大道理」，無論誰都會聽厭煩的。

孩子沒有成人的閱歷，你說的肺腑之言在他看來可能很無趣、囉唆得很。而且，我們往往會覺得「別人家的孩子」總讓人放心，孩子們何嘗不是覺得「別人家的父母最貼心」呢——「不囉唆、和藹、大方、不只是會要求成績……」

要相信，每個人內在都有向上的力量，都希望自己活得有價值、有意義，受人尊重，得到大家的喜愛。民間有句話叫

「響鼓不用重錘」，那是因為，打鼓的人很愛惜他的鼓，不會隨便大力地亂捶。那些不響的「破鼓」還不是被人給捶破的？

「孩子是從父母的眼中看到自己的」，父母言語中對孩子的評價，孩子會將其內化，認為「我就是那樣的人」。比如：被父母讚揚過「有數學頭腦」，孩子就會覺得自己是擅長數學的，對自己學習數學就會有信心，就會在遇到困難時想方設法去解決，數學成績就不會差到哪裡去。而如果父母說：「我們家的人數學都不好。」孩子就會覺得，自己學不好數學是合情合理的，因為「沒有這個基因，我再怎麼努力也沒什麼作用」，就會放棄努力，數學成績不好也是必然的結果，這正好印證了父母的那句「我們家的人數學都不好」。

所以，無論何時，都要相信孩子，鼓勵孩子，永遠不要放棄對孩子的希望和信心。

3. 有話好好說

一個意思，不同的表達效果會大大的不同。

比如男孩對女孩說「做我女朋友吧！」和「讓我做妳的男朋友吧！」最終目的都是一樣的，但是在女孩看來卻是完全不同的意思，對男孩的印象也會不同。

「做我女朋友吧！」就是很「霸道總裁」，很自以為是，會讓人反感。

「讓我做妳的男朋友吧！」卻是很小心地詢問女孩，將女孩放在一個被尊重的位置上，女孩就會感覺很好。

所以，做父母的，表達對孩子的關心和愛，可以「有話好好說」。多用正面、肯定的話語，少用負面、否定的表達。

比如：孩子偷錢了。父母肯定又急又氣、又羞又愧，肯定沒好氣。這個時候，詛咒、謾罵、咆哮是沒有任何作用的，就是在狠命地捶打自己的「鼓」，只會增加孩子的防禦，「關上耳朵」聽不進父母的任何教誨。因為任何人在受到「攻擊」時，首先就會防禦，為自己尋找各種理由，解釋自己行為的合理性和不得已，以減輕自己內心的負罪感和可能遭受的懲罰。

這時不妨好好想想「孩子為什麼偷錢？是零用錢不夠用嗎？是他不知道合理規劃錢財的使用嗎？是迫於壓力嗎？是為了要跟別人攀比嗎？是為了透過犯錯引起父母的注意嗎？……」每一種不同的假設背後都會有不同的對策。最好的方法是直接問孩子：「我知道你沒有經過允許，私自拿了別人的錢（陳述事實）。我很想知道發生了什麼（詢問緣由）？爸爸媽媽知道這件事後很擔心也很難過（表達關心和個人感受），我們可以一起來想想辦法解決這件事（表明態度——父母是願意幫助你，願意站在你身後和你一起面對困難和問題的）。」

【給孩子的建議】

面對自己的生活，承擔屬於自己的責任。

出生是我們無法選擇的事情之一。來自怎樣的家庭——就像上帝發到我們手中的一副牌，有的是一手好牌，有的就是一手爛牌——這件事情同樣沒辦法改變。但是，我們可以選擇的是怎樣打好手裡的牌。有些人可以將手裡的一副爛牌打得很精采，最後贏得比賽，贏得人生；有些人卻白白浪費了上帝的眷顧，空有一手好牌，最終卻打成了輸家。

世界上只有三件事——上帝的事、別人的事、自己的事。上帝的事和別人的事，我們都沒有責任和能力管，只要管好自己的事就成了。屬於自己能力之外的事，有心無力也枉然，不如集中精力，做好自己能力範圍內的事。

比如：既然成為隔代教養孩子是我們無法改變的事，那就好好讀書，不給在外地工作的父母添煩惱，不給在家照顧自己的家人找麻煩。我們還可以做得更好，比如經常跟父母聯絡，表達自己對他們的思念，講講自己的心事和煩惱，說說自己的願望。我們也可以多交朋友，從友誼中獲得情感的支持；還可以多讀課外書籍，從名人傳記中汲取偉人的精神力量，從廣闊的知識海洋中獲得樂趣、滿足好奇等。

總之，使自己的生活內容豐富起來，使自己的業餘時間充實起來，好好規劃自己的人生。不妨試想一下：如果我們不希望自己的孩子將來也是隔代教養，我們現在可以做些什麼。我們還可以設想一下，希望自己未來過上怎樣的生活，而這樣的生活需要我們現在就開始做哪些準備。如果自己不知道，可以問問身邊的人，問問老師，上網檢索一下。

第二章　我恨她，我詛咒她
—— 暴戾的母愛

T個子高高的，在同齡女生中算是比較高的，一雙眼睛常常透露出好奇心和警覺。她是為大學個申來找我的，因為我給他們上過一堂「生涯規劃」的課程。

進門，她手裡拿著一張表和一枝筆，懷裡還有一疊資料……

這陣勢……

「妳想讀什麼科系呢？」我翻看了一下她帶來的資料，各種程度的、各種類型的學校都有。

她把手中的那張表遞過來，上面列著各個大學的名字、近三年錄取分數和科系 —— 心理學。

「妳想讀心理學？」我抬頭看著她，「為什麼？」

她目光熾熱地望著我，閃著光。

「我要學心理學，我想了解人，我想知道人們心裡是怎麼想的。」

「有什麼人是你特別想了解的嗎？」我望著她。

她的眼神黯淡了一下，又忽然亮了起來。

「嗯！有！」

她停了一下，內心似乎在天人交戰，然後好像下定決心似的，說：「老師，其實，我想學習心理學，是想看看人能變態到什麼程度，能夠不正常到什麼程度，能夠瘋到什麼程度，能夠自私到什麼程度，能夠惡毒到什麼程度……」

我不由得將視線轉到她的臉上。

她的生活中發生了什麼，讓她有這連珠炮式的問話，這個「她想了解的人」，她口中「變態」的、「自私」的、「惡毒」的人是她什麼人，對她產生著怎樣的影響，以至於影響到她的生涯規劃、科系選擇？

接下來，我們的談話由科系選擇轉到了她的個人生活，因為選擇什麼科系需要考慮的因素很多，而什麼樣的科系最適合自己，除了個人主觀感受，很重要的還涉及「人職匹配」，只有弄清楚她如此強烈的動機源於何處，也許才能真正幫助她選擇適合她的科系。

原來，T 口中的「神經病」就是她的媽媽。

T 說，媽媽從 T 小時候就對她有非常嚴格的要求。

「我媽從我小時候就對我要求非常嚴格，每次都必須考第一，否則就是往死裡打。老師您相信嗎，有一次考了全年級第二，她當眾把我的鼻血都打出來了。」

聽到這裡，我心裡一驚，這年代還有這樣的母親？

「妳能說具體些嗎？」

T 看著我，猶豫了一下，開口說：「那是我讀國小的時候，放暑假前我到校去拿成績單。拿到成績單，我看到上面的排名是班級第一，年級第二，就覺得世界末日來了，怕得要死，都沒有力氣走路了。」

T 拿起桌上的杯子喝了口水，定了一下神，接著說：「沒辦法，我還是只能到她公司去，說好的，拿到成績單就去她公司吃午飯。我還沒到門口，她就看到我了，很大聲地問：『考得如何？』我很輕地說：『沒考好。』她馬上就拉下臉，氣勢洶洶地走過來，從我手中奪過成績單，很快地瞟了一眼，反手就給我一耳光，我覺得臉上一熱，低頭捂臉，她就劈頭蓋臉地打我，我只能用手捂頭。旁邊她同科室的阿姨連忙拉她，都沒拉開。她一邊打一邊罵，直到我的鼻血流了一臉，滴到地上，那個阿姨大聲地喊：『別打了！鼻血都打出來了！妹妹很不錯了，考了全年級第二，妳還這樣打，那些考得不好的，還不得被打死……』她才喘著氣，一邊指著我罵，一邊把手裡的成績單抖得『嘩嘩』響……」

T 說的時候沒有一點情緒，像是在描述書上看到的情節，說完，看了我一眼，喝一口杯中的水，甚至臉上還帶著笑容。

這表情很不符合她此刻的情緒狀態呀！

「她還經常在外邊炫耀她的教育方法。她經常當著我的面說：『我經常把她打得像菜花蛇一樣，青一槓紫一槓。她經常在穿衣鏡前脫光了數身上的傷。』您說，她是不是神經病？根本不顧我的感受，根本不管我當時多尷尬，讓我覺得自己很可恥，恨不得找個地縫鑽進去。」

說到這裡，T 才有些情緒激動，但很快她又克制住自己的情緒，喝著杯中的水。

「她還經常說，要不是因為我，她早就和我爸離婚了。外邊有很多人對她好，多的是有錢有勢的，哪一個都比我爸強。所以，我必須好好讀書，必須成績好，否則，根本對不起她。這是一個當媽的應該說的話嗎？好像她所有的不幸都是我造成的，我天生就是她的包袱，我必須對她的一生負責，否則，我就不配為人，我就該死。」

T 流著淚。

我，無言以對。

「所以我恨她，我詛咒她。我希望她去死。可是我又覺得，做子女的不能這樣想。於是我就想，要是她出車禍就好了，這樣她也死了，我也解脫了，也不是我的原因造成的。

現在，我就想，我要學心理學，我要看看，她到底是不是神經病，是不是變態，是不是自私？你不知道，只要她高興，那是歡天喜地，什麼都好說；只要她不高興，那是陰雲密布，一家人都別想有好日子過。她必須要罵人，出了這口氣才行。她得罪你，那有什麼大不了？你得罪她，你就別想活，她不理你，冷戰，非得你跟她承認錯誤，她還不原諒你，簡直要把人逼瘋了……

她常常喊我陪她逛街，許諾買東西給我。可是，到了地方，要買東西了，她又會挑三揀四，說各種不好，總之，就是不想買給我，就是騙我陪她逛街。真是要把人給氣死。

好像從小到大，我就沒有做對過一件事，就沒有一件事讓她高興過。她從來不准我自己買東西，說我沒眼光，亂花錢。有一次，我過生日，爸爸給我錢，我自己上街買了一條牛仔褲，被她一直罵到今天，說我買的褲子品質不好、款式難看，說我沒有眼光、是個傻瓜，只能被人騙……

她常常詛咒我，說：『妳怎麼不死啊？妳就算出車禍在地上掙扎，都沒有人會管妳！』外人都不可能這樣說，她卻可以。那時候，我真希望自己去死。活著沒意義！」

T 淚流滿面。

在 T 的講述中，T 母成為一個「自私」、「冷酷」、「以自我為中心」的，令人極度恐懼和憎恨的人。

這是一個不同尋常的個案，母女間的情感如此強烈，強烈到彼此要「殺死」對方，同時，這又是一個典型的個案，因為母女間的愛恨糾葛是人類歷史中非常常見的一種。

綜合 T 提供的各種資訊，拼出的故事大概是這樣的：

T 母是私生女，從小在育幼院長大，在她成長的過程中，承受了很多不幸和傷害。T 母長大後，成績也不好，沒能透過接受教育改變自己的命運；在談婚論嫁時，因為自己是私生女的緣故，也不敢奢求愛情，沒能力也不敢挑選結婚對象，找個人草草嫁了。老公的家人並不接受自己，認為自己「沒家教」、「品行差」……

女兒 T 的出生沒有使生活變好，反而更加限制了 T 母的選擇，因為 T 母考慮到自己從小沒有完整的家庭，備受欺凌，因此，自己再怎麼難，也不能離婚。

T 母覺得自己為女兒付出了很多、犧牲了很多，也希望女兒能有出息，能夠透過自己的努力改變命運，過上幸福、自主的生活，不靠婚姻、不靠他人，能夠活得像個「人」。

所以，T 母對 T 有很高的要求，要求她功課好，不落人後，要求她勤儉節約、不亂花錢，培養她的審美能力，幫她節省時間（管理她除讀書以外的一切生活瑣事）……

看著女兒一天天長大，T 母既高興又擔心，高興的是 T 成績很好，將來考個好大學、選個好科系應該沒問題，自己長久以來的努力有了結果，擔心的是女兒越來越「不聽話」、越來越「難管」、越來越「沒良心」、「不領情」……覺得自己所有的付出和努力將來有一天都會付諸流水，擔心自己不僅沒有婚姻的幸福，將來連晚年也會不幸，因為女兒也會「背叛」自己，好像自己注定就是個「天煞孤星」——幼年沒有父母之愛、成年沒有伴侶之愛、老年沒有兒女之愛……

因此，T 母對 T 有更多的抱怨和指責，希望透過這樣的方式讓 T 明白自己的犧牲和付出，希望藉此能夠喚回 T 對自己的「愛」、「忠誠」、「孝順」……

而事實卻是，T 母的抱怨、指責將 T 推得更遠……

T 和 T 母之間的愛恨情仇，沒有二十年也有十九年了。這種情感的糾葛是從 T 的孕育開始，甚至在 T 母對婚姻、對生兒育女懷著美好的想像之時就開始了。

其實，家庭生活原本充滿各種矛盾衝突，其間的情感遠非我們想像和希望的那樣「母慈子孝」、「夫婦和順」，也不是童話故事那樣，「從此兩個人幸福地生活在一起，直到永遠」……

任何人與人的關係中總是存在著各式各樣的矛盾、衝突、紛爭，有的源自觀念、有的源自利益。

家庭也是這樣一種存在。

家庭中，每個人都是不同的，無論是來自不同家庭的、組成新家庭的成年人，比如夫婦，還是由家庭而誕生的子女，觀念、利益不同就成為很正常的事。而且作為獨立的個體，每個人都希望得到尊重。任何否認我們是有自己獨立意志的個體的言行，都會遭到反對。

我們對家庭的期許是：家庭是溫馨的港灣、是避風港、是療傷處；我們在外面的社會上得不到的「愛」、「接納」、「理解」、「支持」、「包容」、「尊重」等一切美好的情感，在家庭中、在家人那裡就應該「理所當然」地享有。

而我們經常感受到的卻是，外人不會說出的「狠話」、「傷人的話」，往往是從家人口中說出的；外人對我們可能還有一絲「安慰」之時，家人卻可能剛好「傷口上撒鹽」、「心口上捅刀子」……

為什麼會這樣？

原因可能是我們對「家人」（無論是真實的個體還是作為概念）期許太高，沒有看到家庭關係其實也是一種人際關係，其間存在各種原因造成的差異。而我們不能允許「差異」的存在，我們希望家人之間永遠是「親密無間」的一個整體，大家心往一處想、力往一處使，永遠沒有「距離」、永遠是「共生」狀態。

這就跟現實之間產生了矛盾。

家人之間同樣會存在「差異」、「矛盾」、「衝突」，這是正常的，甚至是必然的。

因此，當問題出現時，我們不是去思考、去修正我們不符合客觀現實的觀念和希望，而是去「修理」我們的家人，認為「只要你改變了，問題就解決了，我們大家都『幸福』了」。

其實，真正能解決問題的方法是：承認家人之間有可能會存在「差異」、「矛盾」、「衝突」，並且，允許這些問題存在，給彼此留出時間和空間。

T 現在對母親的反感不僅僅是意識上的，也是情感上的，僅僅從理智上讓她了解問題所在，不能真正解決問題。而且，僅僅從 T 這一方入手，問題仍然得不到解決 —— T 即便調整自己的觀念，改善自己的行為，回到家庭中，T 母不改變，環境、氛圍仍在，T 受到的煎熬還是每時每刻都在折磨她。

因此，邀請T母進入工作之中，從改善母女間的情感互動入手，改善整個家庭的氛圍，也許才能真正解決問題，幫助到T。

因此，我邀請T母到學校，進入我們的家庭輔導，同時，請別的老師分別對T和T母進行個別輔導。也就是在對T進行家庭輔導的同時，替T和她的媽媽分別做個體輔導，雙管齊下。

透過一段時間的輔導，T和T母的關係有了一定的改善。

【給家長的建議】

1. 無怨無悔地付出

父母對子女的付出，既偉大又自私。

說「偉大」，是因為做父母的真心為子女的長遠計，殫精竭慮，各方面，都考慮得很周到，甚至可以為了子女而付出自己的時間、精力、金錢，犧牲自己的事業和情感；說「自私」，是因為做父母的付出是有條件的，那就是「我都為你做了這麼多，還不是一切為了你，所以，你要按我說的做」，如若不然，那對不起，我就要收回我付出的，不再支持，要抱怨、要指責。

真正能夠做到「無怨無悔」，那是需要澄清父母與子女的關係：子女不是父母的私有財產，子女是有獨立人格的人。

子女未成年，父母有引導、教化的職責，告訴孩子社會對一個「人」的要求，並對子女承擔相應的責任，包括承擔孩子試錯的後果。

2. 給時間和空間，讓孩子成長

「十年樹木，百年樹人」，塑造一個生命是需要時間和空間的，沒有足夠的時間，成不了；沒有足夠的空間，長不大。孩子的成長是同樣的道理，告知、勸誡之後，他可能仍要一意孤行，那就讓現實、社會、規律去教育他。吃過虧、受過苦，孩子才能明白父母分享的經驗是難得的財富，才能從失敗中「學乖」。

【給孩子的建議】

1. 相信父母

「大概天底下沒有主觀意願上想害自己兒女的父母。」

基於這樣一個假設，我們可以相信，無論父母的主張、意見、建議、言語多麼不合時宜，不符合自己的情況，對自己而言多麼難以入耳、入心，甚至傷害自己的情感，我們都可以相信至少他們對我們的情感是真摯的。

況且，古人云「三人行必有我師，擇其善者而從之，其不善者而改之」。如果父母說的對，那就改正自己的言行；如果父母說的不對，或有待考證，那就暫且擱置；如果父母逼迫「現在」、「立刻」照他們說的做，那就跟他們說：「我知道，您是為我好，可是我暫時還緩不過來，您給我一點時間，讓我好好想想。您要相信我，您這般明智，您的孩子也不會蠢到哪裡去。」

2. 傾聽父母

也許父母有些「老土」，但是，父母作為過來人，總有些經驗是值得學習和借鑑的。

也許有時候，父母並不是非要我們按照他們的設定來，只是看我們有時候缺乏經驗、年輕衝動，他們替我們著急，希望我們少走彎路，少吃虧。他們只是想分享經驗。

藉他們一雙耳朵，耐心聽聽他們說什麼。也許，我們聽了，壓力就緩解了，他們就能允許我們走自己的路了。

第三章　我會不會也是「神經病」——打不開心結的孩子

信箱裡收到一封沒有署名的來信，展開信紙，上面寫著：

「老師，您好！我爸爸是個身障人士，我媽媽是個精神病患，我很擔心，我會不會有一天也像媽媽一樣『發瘋』。」

把信紙翻過來，背面沒有字，末尾沒有署名。

這是誰寫的？沒有署名，沒有聯絡方式，讓我怎麼幫助他？

再仔仔細細地看一遍，發現這是一張從作業本上撕下來的紙，而不是專門的便條紙。字寫得很工整，應該是用字帖練習過的字。字有暈開，紙上有明顯的圓形水漬，可能是他滴下的淚水。加上他在信中提到的「父親有殘疾，母親有精神疾病」，那麼他的家庭條件大概不會很好。

再看信的內容，短短幾行字，孩子的恐懼和擔憂躍然紙上。

可是，沒有署名，沒有聯絡方式，我怎麼找到他？

過了幾天，輔導室開放時間，學生們可以到輔導室使用設備進行放鬆或者查詢資訊。我坐在一角，看著書。一個男孩怯生生地走進來，他首先是張望，確認有老師在，然後，故意左右張望，四處走走看看，好像是在觀察各種設備是怎麼使用的，同學們的使用體驗又是如何，眼睛卻不停地朝我這裡瞟。

「大概是個想輔導的孩子。」我心裡想著，又翻了一頁書，順勢抬眼，正好與他眼神接觸。他馬上次避，轉了個方向，走開了。

「大概還沒準備好。等他準備好了，會再來的。這樣的孩子，也是有的。」

又是一封信，躺在信箱裡。

「老師，您看起來人很好。我可以來找您嗎？」

同樣的作業本撕下來的一頁，同樣的字型，同樣沒有署名和聯絡方式。

「唉！」我苦笑一下，將信歸入專門為他開的「未署名」資料夾。

只能等他再來。只有等他試探完，我取得了他的信任，他才會真正進入輔導。

等著吧。

經過這樣反反覆覆的「單向聯絡」，終於有一天，他坐到了輔導室的沙發上。

來訪的孩子叫A，爸爸是一位肢體殘疾的農夫，因為有殘疾，沒有勞動能力，經濟條件很差，主要靠社會救濟金生活，50多歲了都沒能娶上老婆。

有一天，A爸爸去市集趕貨，在街上「撿」了一個女「神經病」回家。

後來，A就出生了。

眼前的A長得瘦瘦小小的，他說他是高中生，可是看起來，真的像國中時期還沒發育的小男生。一副非常普通的相貌，是那種你見過一次，下次再見都會想不起來的「普通人」。唯一特別的是，眼神裡有一種夾雜著羞怯的謹慎和倔強。

從記事起，A就常常感覺到自己與周圍的人不同，自己的家也和周圍的人家不同。

爸爸不像別人家的爸爸那麼年輕，看起來要老得多，臉上皺紋很多，行動不便，拄著一副自己做的拐杖，走起路來屁股一撅一撅的；媽媽經常蓬頭垢面，衣衫襤褸，也不做事，常常傻傻地笑；家裡什麼像樣的家具都沒有，看起來非常簡陋；自己從沒有穿過好衣服，穿的衣服不是鄰居送的就是慰問物資；經常有一些人會在村長的帶領下到家裡來，東問問西看看，然後留下一些東西或者錢，拍一些照片，就走了；有時候還會有一些和他差不多大的孩子帶一些學習用具或者玩具送給他……

慢慢長大的過程中，A逐漸明白，自己的爸爸是個肢體殘障人士，媽媽是個「精神病患」，媽媽究竟是什麼病，不知道；怎麼得的病，不知道；會不會遺傳，不知道，也沒錢去診斷和治療。

爸爸好像是個孤兒，沒有親人，媽媽是爸爸趕貨時「撿」回來的，有沒有親人，不知道，反正至今也沒有人來找過她。

而自己，就是在這樣一個家庭裡出生的孩子。

自己「可憐」嗎？無數次，A問自己。

有時候，A覺得自己很可憐。

為什麼沒有年輕、健康的父母？

為什麼不能像別人那樣有還不錯的家境，有一些親戚和朋友？

有時候，當A看到父親雖然殘疾但是很愛自己，盡他最大的努力為自己爭取更好的物質生活；雖然媽媽是個精神病患，時不時地「發瘋」，到處亂跑，害得自己和爸爸到處找，爸爸拄著拐杖行動不便，可是也沒有怨言和嫌棄。每次把媽媽找回來，爸爸總是檢視媽媽有沒有受傷，然後幫媽媽梳洗乾淨，換上乾淨的衣服，再去洗媽媽換下的髒衣服。A又會感受到某些難以言表的情緒，有辛酸，好像又夾雜著某種幸福。

雖然，爸爸從沒跟自己說過他擔心自己可能會遺傳媽媽的疾病，但是，自己確實有時候會擔心。加上家裡條件不好，A從小就長得非常瘦弱，雖然學校為自己爭取了社會資助，也減免了生活費、住宿費，在學校吃得也不錯，但是自己還是沒有長高長壯。

關於媽媽是什麼病，他自己也找過書來看，但是，沒有答案。由於家裡經濟條件不好，不能夠送媽媽去診斷，更別提治療了。所幸，媽媽沒有暴力傾向，不傷人，只是「發病」時會到處亂跑，有時候，可能會不知道什麼原因受傷。

上了高中，住校，A回家的機會少了，不知道爸爸媽媽在家情況怎麼樣，有時候會擔心他們。可是，爸爸是不會讓自己擔心的，他從不會跟自己訴苦和抱怨。自己小時候，有時在外面受了氣，回家向他哭訴、抱怨，他也只是默默地聽完，然後安慰自己。

慢慢地他也就不再抱怨，因為不想給爸爸添煩惱，而且自己也從他身上學到了堅強，學會了要自己去面對和解決自己的問題。

雖然，他常常會擔心自己精神上有問題，但是他自己從來沒有放棄過努力，成績一直不錯。對此他自己也經常想：要是我遺傳了媽媽的精神問題，大概功課會受到影響吧。既然自己的成績還行，那是不是說，自己沒有遺傳媽媽的精神問題，或者，媽媽的精神問題是不會遺傳的？

可是，有時候他又會想，要是自己考上大學，又該怎麼辦呢？家裡有沒有辦法供自己讀大學？大學體檢時，會不會查出自己有精神問題……

最近上網查了一下，了解了一下學測相關規範，他開始各種擔心，老是會被這些問題弄得很難心情平靜，以致影響了正常的聽課學習。

望著眼前的A，真心心疼他，小小年紀、瘦弱的身體，承受著這麼多的壓力和生活的磨礪。

就目前掌握的情況看，A暫時沒有「精神病」的症狀，或許是值得慶幸的。但是，更多更常見的情況是，像A這樣的孩子會有相對更大的機率遺傳「精神疾病」以及發病，給原本就非常拮据的家庭造成更大的經濟困難。

就算沒有遺傳，像 A 這樣的孩子也會一直籠罩在「精神疾病」的陰影裡，在他讀書、升學、就業、婚戀時都會帶來潛在的危機和壓力。

A 現在主要有以下幾點困擾：

- 由於媽媽的「精神疾病」以及爸爸的殘疾帶來的家庭經濟拮据；
- 由於自己的父母沒有結婚，自己出生的「合法性」受到質疑，而產生的「存在價值」危機感；
- 由於家人有「精神病」而帶來的「羞恥感」；
- 面對未來的更多的不確定性，比如：自己是否遺傳了「精神病」；會不會影響自己升學、就業、婚戀；會不會遺傳給自己的下一代……

所有這些都給 A 以及像 A 這樣的孩子造成很大的困擾和壓力。

由於 A 最近查詢、了解了一些資訊，而相關資訊掌握不夠充分，一知半解造成了緊張、焦慮，帶來了困擾，所以我大概從以下幾個方面著手開展工作。

第一，我跟 A 澄清幾個概念：「精神病」、「神經病」、「心理問題」、「心理疾病」、「瘋子」。透過澄清每個概念的內涵、外延以及現實中我們對它們的理解和使用，降低了由於無知或者誤解而造成的「恐懼」、「焦慮」等困擾。

第二，由於我們是普通高中，是教學單位，沒有能力進行精神疾病的診斷和治療，所以我建議 A 到相關醫療機構進行診斷，並為他提供了一些資訊。

第三，運用心理輔導的相關技術，為 A 提供心理輔導，降低他的焦慮，緩解他的緊張狀況。

第四，運用正向心理學的理念和技術，幫助 A 看到他擁有的現實的優勢和資源，增強他的自信，提升他的效能感，幫助他有勇氣面對自己的生活。

第五，作為學校教師，我知道一些學校的規範和資源，於是我將這些資訊提供給 A，並告訴他，可以透過聯絡學校的相關部門，提出申請，由學校的相關部門出面接洽一些社會資源，獲得現實的幫助和支持。（這項不僅能夠幫助 A 獲得現實的支持和幫助，還能提升 A 的效能感，增強 A 的自信，並有效地建立起 A 對學校、對社會的信任，幫助 A 更好地融入社會。）

透過一段時間的輔導，A 的焦慮、緊張得到相當程度上的緩解，已經能夠比較正常地聽課學習了。

【給家長的建議】

作為家長，要從「言」、「行」等各方面給孩子做出榜樣和示範，不僅透過自己的「言」、「行」等各種努力確確實實地改善生活，還要以良好的「言」、「行」塑造和影響孩子的世界觀、人生觀、價值觀，培養孩子堅毅、頑強的意志，分析問題、解決問題的能力，提高孩子的適應能力和生存能力。

1. 做家庭的棟梁

既然能組建家庭，我就有能力照顧家人。哪怕一粥一飯，我也有能力為家人去創造和爭取。即便遇到再大的困難，我作為家裡的棟梁，也永遠不會輕易放棄和退縮。

2. 積極了解相關政策

國家的惠民政策和資訊要積極了解，為家人爭取政策待遇。

3. 處理好鄰里關係

遠親不如近鄰，平時做個積極主動的人，自家有事需要幫忙，鄰里也會積極響應。

4. 教孩子熱愛生活

「假如生活欺騙了你，不要悲傷，不要心急！憂鬱的日子裡需要鎮靜：相信吧，快樂的日子將會來臨。」

5. 激勵孩子用雙手去改變生活

「優秀的人不是生來享福、一生平安，而是能靠自己創造出一片天地。」

6. 遇到問題，和孩子一起解決

實踐是最好的學習。遇到問題，跟孩子一起思考、分析、解決，既能合眾人之力和智慧，又能透過實踐培養、提高孩子的解決問題的能力，還能培養孩子的責任感。

【給孩子的建議】

1. 我命由我不由天

既然上天給了我出生的機會，我就可以創造出屬於自己的世界。無論前路如何，我都可以風雨無阻，走到自己的心所嚮往的彼岸。

2. 父母扶我上馬，我就駕馬前行

父母給了我生命，就是給我的最好的禮物，使我有機會到這個世界上來見識一番。至於有沒有作為，那就看我自己的努力程度。要知道，努力了就有可能，不努力，連機會都沒有。

3. 積極參與到家庭事務之中

家是自己的，我有責任積極建設；家人是我的，我有責任照顧幫助。只有每個家庭成員都心往一處想、力往一處使，我們的家才會更加興旺。

4. 做個態度積極的人

「我們不能左右天氣，但可以改變心情；我們不能改變容貌，但可以展現笑容；我們不能控制他人，但可以掌握自己；我們不能預知明天，但可以利用今天；我們不能樣樣勝利，但可以事事盡力；我們不能日日平安，但可以時時歡喜。」

5. 健康自信，是對父母最好的報答

無論父母是怎樣的狀況，他們都是懷著對我們無比真摯的愛，給予我們最好的。我們能給父母的就是健康自信，樂觀勇敢地面對生活。

6. 學習各種生活技能，照顧自己，照顧家人

無論是尋求幫助，還是日常生活，掌握更多的知識、技能，擁有靈活的處事技巧，積極交友，與人為善，建立良好的人際關係，是我們行走世間的有力保障，也會使我們更有能力照顧自己、照顧家人。

也許，我們的出生就決定了我們站在不同的起跑點上，但是，誰說人生只有一個方向、只有一種成功。

真正偉大的人是扼住命運的咽喉、絕不向命運低頭的人。

第四章　我只是來拿畢業證書的
—— 無法自主的青春

W 是一所私立高中的學生，他原本應該在市區就讀，可是因為會考成績沒有達到市區國立高中的最低錄取標準，於是被父親弄到郊區一所私立高中就讀。父親說：不可能連高中都不讀吧！等他高中畢業，就送到外國留學。然後回國接班 —— 繼承父親的公司。

W 是朋友介紹過來的，說是受 W 爸爸之託。

W 來時，穿著一身名牌，卻不顯得招搖，很適合他的年齡和身分，個子高高的，五官端正，但是眉宇間卻有著一種難以描述的氣質，既有成熟沉穩，又帶著少年的稚嫩倔強……

W 看上去很是疲憊，一來就仰在沙發上，頭枕著沙發頭枕，把一個抱枕抱在胸前，左右不斷調整，好像都不舒服，又把抱枕墊在腰後，反覆調整了幾次，直到感覺舒服後，再繼續「癱著」。然後，眼睛開始左右掃視，觀察我的輔導室。隨著他的目光帶動，他的頭也轉動著，額上的頭髮也左右前後地搭過去搭過來，但是一直保持很好的形狀，可以看出來，經過了很好的護理。睫毛在某些角度看起來很長，似乎每根睫毛都閃著光。唇形線條很好，有點俏皮……大概這樣的男孩在校園裡是很受女生喜歡的類型，加上他的家世，追求者一定不少吧。

這樣要錢有錢，要貌有貌，沒有學業壓力，似乎人生一帆風順的孩子，為什麼會出現在我的輔導室裡呢？

「你好！我是譚寶屏，輔導老師。」

他似乎也觀察完了，眼神回過來，認真地望著我。過了一會兒，才開口說：「我的情況您都知道了吧。我知道，我爸希望您能讓我積極上進。您也別費那工夫，我就是來拿個畢業證書的。只要能順利畢業，我就出國留學，然後繼承我爸的公司。所以……」他做出一副無所謂的表情。

「聽起來，似乎你很清楚你爸爸對你的期望。」我確認他的意思，然後接著說，「那麼你自己呢？」

他愣了一下，眼中快速掠過驚訝和思考，然後一副「你什麼意思」的表情。

「我是想了解，你自己又是怎麼看待整件事的呢？」

他又將頭仰靠在沙發頭枕上，靜靜地，似乎在思考……過了很久，他才開口：「我怎麼想有用嗎？反正都已經設計好了，也是最好的捷徑。沒有比這更好的了。」說著，他將頭歪過來，看著我——「不是嗎？」

眼前的 W 明顯沒有接受輔導的動機，更談不上有明確的輔導目標，替他做輔導，怎麼會有效果？

那麼，輔導老師要做的就是幫助他澄清自己是否可以透過心理輔導得到幫助。

「我怎麼想有用嗎？反正都已經設計好了，也是最好的捷徑。沒有比這更好的了。」我重複他的話，「聽起來，你好像對此有牴觸，但似乎又無可奈何。」然後，澄清他的真實想法和感受。

他聽了我的話，眼裡一亮，旋即又黯淡下來，嘴角一勾，無言地笑了一下，又把頭枕在沙發上，長長地出了一口氣……

他起身離開時，說了一句：「老師，您的沙發真舒服。」

隨著接觸時間的增加，我對他的了解也逐漸增加：

W 爸爸是公司老闆，擁有幾家公司，全部親戚齊上陣，在商場打拚幾十年，日益覺得自己奮鬥這麼久，應該把公司傳給兒子，把公司代代傳下去，做成上百年的傳奇企業，於是就想著把兒子培養成接班人。可是，兒子似乎並不上心，對什麼都不在乎的樣子，成績也總是不盡如人意，會考成績都沒達到國立高中的錄取最低錄取標準。W 不是智商不行，也不是那種大眾眼中炫富、惡劣的富二代，也沒有不良的習性，就是整日「吊兒郎當的」，不思進取。大家都覺得只要 W 肯努力，到國外去讀個商學院什麼的，完全不是問題。W 也不是那種不聽話、叛逆的少年，父親替他找的各種補習班，他都準時參加，成績就是上不去，而且好像 W 是在有意控制自己的成績，每次都是班級中等，不上不下，但是永遠稱不上「好」或者「優秀」，這更讓 W 爸爸覺得兒子是有意為之。

憑商場幾十年的閱歷，W 爸爸知道，兒子這麼大了，打罵沒用，能說的道理也都說盡了，各路人馬能上的都上了，通通沒用，最後在朋友的建議下，覺得死馬當成活馬醫，找找輔導老師吧……

聽起來，W 是完全可以取得更優異的成績，降低爸爸的焦慮，緩和自己的親子關係，提升自己情感生活中的親密度，增加愉悅感……

那麼，W 為什麼「不願意」好好讀書，提高課業成績呢？

帶著這樣的好奇，我們的輔導繼續著。

有一次輔導時，W 問我：「老師，您喜歡看電影嗎？」

沒等我回答，W 自顧自地繼續說：「我最近看了一部電影，叫《這個男人來自地球》。您知道講的是什麼嗎？」他一歪頭，看著我，希望我回答。

我望著他：「你講講吧。」

W 開始講述電影，可以看出，W 是一個很會講故事的人。他將電影影像的敘事風格轉換成評書式的故事風格，很引人入勝。我一邊聽他講，一邊思考：「他為什麼會跟我講這部電影呢？這部電影帶給他的觸動是什麼呢？他希望透過講述電影告訴我什麼呢？」

他在講述的過程中，從沙發上坐直身體，並且面向我微微前傾，一邊講，一邊夾雜著各種手勢和面部表情，使他的講述更能吸引人。

「老師，您說，要是您是那個永生不死的人，您會怎麼樣？」

他問到這個話題，是想討論什麼？

我望著他，說：「要是，您是那個永生不死的人，您會怎麼樣呢？」他似乎正等著我這麼問，馬上說：「那會多麼有意思，我可以去經歷各式各樣不同的人生，見證各個重大歷史事件，與許多有趣的人相遇……那一定會非常有意思！」說著，他兩眼發光，似乎已經看到美好的未來展現在他的眼前。

他也不是對什麼都不感興趣的呀。那他到底對什麼感興趣呢？

「哦，聽起來是挺有意思的。你能再具體說說嗎？」我引導他更多地思考和闡述，透過表達，澄清自己內在的思想和情感。

W開始滔滔不絕，描述如果他可以永生不死，他將如何規劃自己的生活：

在未來幾百年，科技和醫療技術一定已經進步到非常高的水準，那時，他就可任意改變自己的容顏，使自己以任意面貌出現，適應環境而不被周圍的人懷疑。而且他會學習各種他想學習了解和需要了解的東西（比如：電腦科技——偽造證件、駭客技術——資訊查詢，甚至竄改等），可以去過任何他想過的日子……因為他是不死的，他的知識經驗可以永遠儲存，並且不斷學習更新；他也可以和很多人相遇，與他們發生各式各樣的故事……他只需要去好好體驗就行了。

總之，這個少年將自己的未來構想得非常吸引人，而且他的思維也比較縝密，可能出紕漏之處，他都已經考慮得七七八八……似乎他對自己的未來充滿好奇和嚮往，內心充盈著無限的生機和活力，完全不是那個對什麼都不感興趣，不願意好好讀書也不反抗的W。

那麼到底其中發生了什麼？是什麼阻礙了他去讀書、去探索？他的行為到底在表達什麼？他又想透過自己的行為實現什麼？

明明他是有好奇心，對學習也有興趣的，也有能力取得更好的成績，那他為什麼現在不能好好讀書，讓周圍的人更開心，使自己的人際關係更融洽呢？

我決定向他當面澄清。

「聽起來，你似乎對很多事都感興趣，也想去學習和了解。我好奇的是，你目前的學業，也是學習的一種，你自己也說過，這些內容對你而言，沒有問題，你完全可以取得更好的成績。看起來，你的言行中好像存在著一些矛盾之處。」

W明顯愣了一下，好像從沒有這樣的思考和覺悟。他低著頭，開始思索。

過了一會兒，他抬起頭，看著我，說：「我說的是我自己願意的，而現在的生活，我是沒得選，是被安排的。我能怎麼辦？只能像聖雄甘地一樣 —— 非暴力不合作了。」說著雙手攤開，一臉無辜地看著我。

原來如此，W在乎的是「自主感」，他要的是青春期孩子很在意的「成人感」和「被尊重」。就像他所描述的一樣，在W的想像中，他希望可以自由地主宰自己的生活，過自己想要的人生，走自己的路，自由地去選擇……獲得最大限度的自由和尊重。

現實是，從理智的層面講，W 明白，父母安排的路是最經濟、最高效、最「合情合理」的；但是，作為青春期逐漸成長中的男孩，W 又有著同齡人都會有的「不成熟」和「倔強」。這種半理性、半情緒化的思維方式和問題處理方式，使得問題變得錯綜複雜，似乎進入了一個死循環：

我知道什麼是「對的」，但是，現實是由不得我選，這不是「我的」選擇，也不適合我，可是我無力反抗，我只能「非暴力不合作」；你讓我選，我怎麼選都只能選你們想要我走的路，反正是沒得選，所以，我就不選、不合作。

【給家長的建議】

1. 給予並讓他感受到尊重

每個人都需要尊重。

因為「尊重」涉及的是一個人的「價值感」、「存在感」，關係到一個人非常重要的心理健康部分。古時有「寧為玉碎，不為瓦全」之說，講的就是「當我們存在於世、安身立命的根本 —— 尊嚴 —— 喪失之時，寧願結束自己的生命，也不願無尊嚴、受人唾棄地苟活於世」。

青春期的男孩，生理已經成熟，心理隨著生理的成熟也進入「狂飆期」—— 既敏感又脆弱 —— 一方面覺得自己已經「長大成人」，應該可以自己決定一些事；另一方面由於知識、經驗、能力的不足，甚至由於沒有經濟能力，在處理一些事情的時候又明顯感到「力不從心」「無能為力」，需要成年人的支持和幫助。但在此時，他們又礙於情面，很難開口向成年人提出請求。而且，即便成年人主動提出幫助，還可能被其理解為「瞧不起」、「羞辱」，對他們而言，很可能帶來心理上的「傷害」，他們可能會「嚴詞拒絕」並且嘲諷成年人，或者向成年人「叫板」，發出「挑戰」，往往選擇與成年人意願相反的方向行事。

所以，給予青春期男孩尊重，更重要的是，讓他「感受到」你對他的尊重 —— 你承認他已經長大了，具有獨立的人格，有一定的知識、經驗和能力，有權力決定一些事。

2. 賦予決定權，培養責任感

怎樣判斷一個人是否成熟？

可以依據現實的條件和環境做出合理的選擇並承擔責任，就是成熟。

溫室裡的花朵不能經風霜，是因為它從未經歷過風霜。這話並不是說，野草野花就不會因霜凍而死，而是在風霜之下，它們經歷過，有的死了，自然就被淘汰了；有的活下來了，基因就被儲存下來，得以繼續繁衍。溫室裡的花朵挪到室外，經歷風霜，也會有死有活，死的也是被淘汰，活的就會和野草野花一樣基因被儲存，繼續繁衍。

所以，能力是在做事的過程中鍛鍊出來的；責任感是在賦予其責任，要其「擔當」相應責任的過程中培養起來的。

為什麼說「窮人的孩子早當家」，就是因為，窮人家的孩子很早就需要在家庭中承擔一定的責任，比如：照顧更小的孩子、拾柴、做飯、做家事等。在承擔這些責任的過程中，他們需要學習收集資訊、權衡利弊、做出判斷並最終承擔相應的責任，他們的能力自然就會被鍛鍊出來，責任感也被培養出來。

3. 讓他自謀生路

培養一頭雄獅，就讓牠自己去捕獵；培養一個男人，就給他機會去試錯。

動物世界裡，動物的爸爸媽媽都會在孩子成年時將孩子「推出」家門，「逼迫」牠們去自謀生路。只有這樣，小動物才能真正成長為能夠自立的個體，才能獨自去面對自己的人生。

在羽翼下被嚴密保護成長起來的，或者被逼迫著走父母安排的人生道路的孩子，要麼沒能力，要麼不幸福。

男兒志在四方，如果你從沒有讓他看到「四方」的存在，他怎麼會有「志」去征服「四方」？

希望孩子能夠繼承家族企業，可以給他機會去了解自己的家族歷史、父母給予他的期望、家族企業承擔的社會責任等，以幫助他產生使命感；也要給他機會去探索自己，明白自己究竟想要什麼，自己的能力、優勢、局限等，從而找到自己適合、擅長的領域；同時還可以給予他機會到企業中實踐，感受什麼是真正的「事業」、「生活」、「責任」等，從而促使他在生活的歷練中獲得成長。

當然，最終無論孩子有沒有從事父母期望的工作，至少也透過歷練加深了對自己、對家族、對父母的理解。無論他將來從事何種行業，都不會有太多的遺憾和推卸責任的「抱怨」與「指責」。

鑑於此，父母可以做的是：

1. 表明立場，絕不強制干涉

「孩子因你而來，但是，卻不是為你而來。」

不管你怎樣煞費苦心地營造教育環境，在孩子的成長過程中總有一些因素是你無法掌控的。其中既包括大的外在社會時代環境和物質環境，也包括小的來自孩子自身的基因和氣質類型。也就是說，你永遠無法得到一個「稱心如意」的孩子。

既然如此，那我們在面對一個不斷成長發展的人的時候，需要有的心理就是：「他有自己的生命軌跡，是我們無法操控的。俗話說『兒孫自有兒孫福』。作為父母，我們能做的就是給他『差不多』的愛和支持。沒有『完美的孩子』，也沒有『完美的父母』。因此，我們不必，也沒有理由掌控孩子的人生，甚至對他的人生負責、為他的人生『買單』。」做好自己的心理建設，還要讓孩子知道：他的人生是他自己選擇和承擔的，父母不會強制干涉。

2. 表明態度，願意提供幫助

對於孩子來講，最重要的就是「無論何時，我都有最後一條路可走，那就是 —— 回家的路」。來自家庭的接納和支持是孩子在這個世界上安身立命的根本。

試想，如果孩子在外碰壁、受挫，最需要來自親人的包容和安慰、鼓勵之時，而你卻因為他是不聽你的勸誡、教誨才導致今天的結果，認為這是最好的教育機會，甚至認為這是最好的「報復」機會，對他的處境冷嘲熱諷，極力打擊挖苦，可能你內心舒暢了，但孩子和你之間的關係也毀了。

孩子掉進「坑」裡了，這個時候，做父母的不應該站在「坑」外面看熱鬧、大肆評論，而應該下到「坑」裡，將孩子托舉出來，至少也可以站在「坑」邊幫一把，把孩子拉出來。

孩子會痛定思痛，從經驗中學習成長，也會感受到父母當初說的真是沒錯，而且他們真是世界上最好的父母，在自己忤逆他們意願的情況下也能無私地幫助、支持自己，自己也該長長心，以後還是要多聽聽父母的經驗，畢竟，兼聽則明，至少他們不會害自己……

教育中有句話「關係勝過一切」，說的是，如果親子關係好，孩子會為了讓父母高興而順從父母；如果關係不好，孩子很可能會為了讓你不高興而自毀前程。最簡單、最常見的例子就是：如果孩子不喜歡某門學科的老師，他就會本著「我就不學他那科，我氣死他！」的原始想法而放棄那門學科的學習，唱反調的結果是，老師薪水照拿，孩子的成績卻一落千丈，很可能因為偏科而影響了升學和後繼的生活。

所以，無論何時，要讓孩子感受到，父母是不會拋棄他的。

3. 傾聽，重於說教

有人說：人為什麼有兩隻耳朵，卻只有一張嘴？那是為了少說，多聽！

在人際交往中，我們都有這樣的感受：我們願意和對我們感興趣的人在一起。那麼什麼樣的人是對我們感興趣的人呢？判斷的標準就是，那些願意聽我們講話的人。

我們在說話時，往往不僅僅是在說話，還在傳遞各式各樣的資訊，包括情感、價值觀等。我們透過談話辨識誰跟我們是同道中人，俗話說「酒逢知己千杯少，話不投機半句多」，說的就是這個意思。如果一個人能夠認跟我們的情感、態度、價值觀，那他就是跟我們一樣的人，自然就是我們的朋友，自然就會掏心掏肺。

同樣地，如果一個人在我們面前成天就是「說教」、「嘮叨」，從不會安安靜靜地聽我們說說我們的想法和感受，我們大概也不會真的喜歡和他相處，願意聽他的經驗分享。

有個小故事，說的是有個媽媽總是愛嘮叨，有一天，她感冒了，喉嚨痛得說不出話來。下午兒子回家，一進門就不高興地說：「我再也不跟 ××× 做好朋友了！」這個媽媽很著急，很想馬上問問發生了什麼，也想好好勸慰一下，讓兒子注意朋友之間的交往之道。可是，她喉嚨痛啊，實在說不出話來，只好什麼也不說，只是將兒子攬進懷裡，撫摸著孩子的頭髮。兒子在媽媽的懷裡靜靜地待了會兒，明顯感覺到他從剛開始的「氣勢洶洶」、「劍拔弩張」，變得放鬆下來，然後，媽媽和兒子坐在沙發上，媽媽摸著兒子的手，關切地注視著兒子。兒子才道出了事情原委，說著說著，兒子自己小聲地說：「其實，我當時也沒有做好，如果我不那麼著急，不說那些話，××× 也就不會發火，更不會和我絕交了。」媽媽聽了這些才知道原來發生了什麼，也明白兒子已經分析了事情的對錯。於是，媽媽用力握住兒子的手，肯定地看著兒子。兒子抬頭看見媽媽的表情，神情也輕鬆下來，想了一會兒，他說：「我明天去跟 ××× 道個歉，跟他說清楚希望我們還能做朋友。」媽媽馬上微笑著豎起大拇指。兒子眉開眼笑，拿起書包進房做作業去了。

試想，如果那天媽媽像往常一樣，連珠炮式地發問、急不可耐地教育，兒子的心已經被滿腔的怒火、委屈等情緒充滿，哪有空間聽父母的分析和教誨呢？

所以，一雙善於傾聽的耳朵比一張喋喋不休的嘴更討人喜歡。

4. 提問，勝過解答

好的教育不是給出答案，而是激發興趣，引導學習。正如《論語．述而》所說「不憤不啟，不悱不發」，說的是「不到他努力想弄明白而不得的程度，不要去開導他；不到他心裡明白卻不能完善表達出來的程度，不要去啟發他」。蘇格拉底有著名的「產婆術」教學法，即「諷刺（不斷提出問題使對方陷入矛盾之中，並迫使其承認自己的無知）、助產（啟發、引導學生，使學生透過自己的思考，得出結論）」等等。

父母給出的解答在孩子看來，未必是「對的」，而經過孩子自己的思考、實踐得出的結論，他會更加易於接受。因此，提出「好的問題」，引導孩子思考，給出相應的資訊，提供參考或者提供思維方向，幫助孩子去分析，最終得出的結論其實與父母最初的答案差不了多少，但是孩子卻更願意接受。

因此，善於提問比直接給出一個答案，效果會好得多。

5. 賦予決定權，亦賦予責任

權利與責任從來都是相互的。享有權利就要承擔相應的責任，沒有權利、只承擔責任也是不公平的。因此，給孩子決定權，同時也跟他確認需要承擔的相應責任。

當孩子明白，自己享有的一切，包括「決定權」都不是「理所當然」，都需要承擔相應的責任時，他會更加謹慎地使用自己的權利。這樣才能培養出有能力、有擔當的孩子。

因此，要賦權，也要賦責。

約定的輔導結束時，也是假期到來時，W 告訴我，他要利用假期到爸爸的公司去實習，不過是祕密的，沒有人會知道他的真實身分。他說：他很想知道爸爸將來交給自己的公司到底是做什麼的，是不是像爸爸說的那樣是一家有社會責任感的公司，能不能給更多人帶來福祉。他會在下學期開學時告訴我他的結論。

第五章　我已經努力了
—— 被高期望所累的孩子

「譚老師，有件事，想請你幫一下忙。」輔導主任客客氣氣的。「我有個朋友，他兒子成績不太好。他想請你幫幫忙，看能不能代替他向兒子勸說一下，讓孩子好好讀書。」

「哦，好的。孩子什麼時候來？」

B 戴著一副黑框眼鏡，小小的個子，不拿眼睛看人。

坐下之後，我詢問他知不知道為什麼會來這裡。

「我爸爸覺得我讀書不認真。」說著，B 抬頭看了我一眼，又將目光轉開，看著別處。

「你爸爸覺得你不努力。你自己怎麼看呢？」我真誠地望著他。他迅速抬頭看了我一下，然後又垂下眼簾，用左手摳著右手中指第一關節上的繭。

那應該是長期用筆寫字的人磨出的老繭。他的手小巧、稚嫩、白白淨淨，就只有這一處是粉紅色突出的。「大概寫了不少字吧。」我心裡這樣猜測著。

「我爸爸覺得我不認真讀書。」他又重複了一遍。

我靜靜地等候著，因為我嗅出了一點點「未完待續」的味道。

他，靜默著，似乎也在等待。

輔導室裡很安靜。

空氣中慢慢地有了一點點「尷尬」的氛圍。他快速地看了我一眼，發現我仍然關切地注視著他，似乎有點驚訝又有一點放心。在他垂下眼簾的瞬間，我看到他嘴角揚起的一絲笑意。

「老師，您怎麼不說話？」

「我在聽你說呀。」

「不是我爸爸讓您來勸我的嗎？」

「我是輔導老師，我不會勸任何人。我只會聽你講你想說給我聽的話。」

「哦。那我爸爸會失望。」他的嘴角又有一絲笑意。很複雜，好像有竊喜，還有一絲報復的痛快……

「你願意講給我聽嗎？」

他抬頭看了我一眼，在我眼裡尋找著什麼能讓他放心的東西。

他游移不定的眼神似乎在告訴我，我還沒有得到他的信任。他遲疑了一會兒：「那我說什麼都可以嗎？」

「是的。」

「您都不會告訴我爸爸嗎？」

「我會替你保密的。」

「可是我沒什麼想說的。」

—— 差點被口水嗆到。

也是常見的情況。

「那你可以說說你對自己家庭的印象。比如爸爸是什麼樣的，媽媽是什麼樣的等等，都可以。」

B 疑惑地看著我，遲疑了一下，還是開始了敘述。

B 的爸爸是大學教授，在國內某一領域是舉足輕重的人物，經常參加各種國際學術會議。媽媽也是大學老師。

B 一出生就被寄予厚望，大家覺得他應該像爸爸一樣優秀、出眾。他從小在大學附屬學校就讀，在各種眼光的關注下成長，被認為理所應當功課很好。但是，身為大學老師的孩子，其實 B 並沒有什麼優勢。

爸爸是透過個人努力奮鬥得到今天的成就的，中間也經歷了不少挫折和坎坷，吃了很多苦。他治學嚴謹，對他的學生要求很高。B 經常看到爸爸的學生到家裡來，個個都很厲害的樣子。但是，爸爸還是會對他們提出很多的「希望」和「要求」。

「爸爸是嚴厲的，不管是對學生、對他自己還是對我。

他經常忙工作忙到半夜，有時候，我早上起床，就會看到他的書房亮著燈。去跟他問好，會看到他工作了一夜，眼睛都熬紅了。這個時候，我很心疼他。可是他往往下一句就是讓人不舒服的話：『你看看你老子我，這把年紀了，已經是教授了，還要這麼拚，你小子不好好學，看看你上次的成績，還沒 xxx（爸爸同事、一個講師的孩子）考得好。真給你老子我丟人，真是抬不起頭。你老子我當年要不是努力讀書，終於走出山區，要不然，哪來你今天的福享受！』

我沒有祈望自己出身不平凡，我只希望有個通情達理的爸爸。

有時候，我會懷疑，他在我面前是這個樣子，他在外人面前又是什麼樣子，在他的領導面前、在其他知名教授面前又是什麼樣子？還是這樣『老子』、『老子』的樣子嗎？

我知道讀書的重要性，我也喜歡讀書，可是，我就是沒有別人考得好，我就是做不到萬無一失。

我努力了！我還能怎麼辦？

為了能夠考取好成績，我除了花大量時間背誦，我還默寫、抄寫、刷題，大量練習。老師，你看，我的手，你看這個地方。」

說著，B 用左手指著右手的中指第一個指節那個突出的老繭。

「老師，這裡好痛，經常痛得沒法忍，但是我跟他說，他卻說：『誰沒有！誰不是！』好像我是跟他找藉口。」B 的淚湧出眼眶。他抹了一把，繼續說：「我就貼上 OK 繃繼續寫。」

「我有時候也想，會不會是出生時醫院抱錯了，要不然，為什麼我沒有繼承爸爸的『好基因』。看到爸爸對我失望的表情，有時候真的恨不得去死。可是我又想，我已經努力了，我沒有錯，我為什麼要去死？

經常地，我在努力背書時，腦海裡就會不由自主地想起爸爸說的話、爸爸的表情，就會走神兒，就不知道背到哪裡了。有時候，正在做一道題，不知道怎麼了，就會不由自主地走神兒，等我回過神來，時間已經過去很久了。有時候，我在考試，就會不由自主地想：『要是我這次沒考好，爸爸又會說什麼？會不會又說我沒努力？又會對我很失望？』然後就會想到很多糟糕的事，就會想起以前他是怎麼說的，就會整個人感覺很糟糕，就會滿腦子糨糊，靜不下心來，無法專心思考、分析、考試。結果往往考試成績就會不理想。

可是，我沒辦法不想，我停不下來。

我也希望自己成績好，我也努力了。

可是我就是沒辦法取得好成績，沒辦法讓爸爸滿意。

老師，您要是真的能夠幫到我，我也希望您能幫我取得好成績。

老師，我有時候真的很恨我自己。

媽媽經常會為了我和爸爸爭吵。我很害怕他們會為了我而離婚。

我很恨我自己。

要是我的成績能讓爸爸滿意，媽媽就不會和爸爸吵架，他們就不會離婚。

我媽媽也是大學老師，不過她沒有一股腦兒做學術研究。她覺得那樣太累，要做很多事，準備很多資料，她不願意。她就喜歡有很多空閒時間做自己喜歡的事。爸爸也覺得這樣很不錯，因為他經常很忙，需要一個比較空閒的人照顧家庭。

可是，在對我的教育問題上，他們出現了很嚴重的分歧：爸爸希望我力爭上游，要不斷取得進步，甚至要『逼迫』自己，因為『人無壓力輕飄飄』，人就是要有壓力才會激發潛能，才能創造奇蹟，才能取得成就……

可是媽媽卻覺得人生一世很難得，何必過得那麼苦呢？『天生一人必生其路』。不是每個人都必須上大學，不是每個大學教授的孩子都必須是大學教授。每個人都有自己擅長和不擅長的方面，也許我就是一個不擅長讀書的人，那我可以去學點技術什麼的，將來能夠找到一份養活自己、照顧家人的工作就行了。

可是爸爸就覺得丟不起這個臉，就覺得自己的一切都要是好的、體面的：自己厲害，靠自己奮鬥出人頭地，大學教授的職業，在業內有影響力，妻子是大學老師，說出去也不丟人，孩子至少也應該是成績過得去，不是第一、第二至少也應該是排前面，不應該是中下游……

我是他今生最大的遺憾，我令他丟臉了……

我還讓他們夫妻倆吵架，要是因為我而離婚了，我豈不是罪大惡極……

有時候真不想活了……」

透過B的講述，我們大致可勾勒出這個家庭的某些面貌：

「教授爸爸」靠著個人奮鬥改變了自己的出身和命運，在某種程度上獲得了社會的認可。可是，這個「教授爸爸」的內心其實還是不能夠接受一些東西，也許是他的經歷及信念系統裡刻下了這樣的堅持：

「人定勝天，沒有透過努力做不到的事。」

「每個人都要為自己爭取，不能坐享別人的成果。」

「只有自己努力獲得的成果才是值得稱讚的。」

也許，「教授爸爸」內心還是不夠接納自己，儘管自己透過個人努力改變了命運，但是自己「仍是農夫的孩子」，還是改變不了自己是「從山區走出來的」，自己還是帶著某種「原罪」—— 一出生就注定被別人瞧不起的部分（其實是他自己瞧不起自己的出身）。因此，他在自己的人生中樹立了這樣的信念：人要配得上自己獲得的東西。

我是教授，我的妻子、孩子要配得上我。

我是教授，我的努力和成就要配得上我的稱號。

我的孩子是教授的孩子，他的成績就應該配得上我這個「教授爸爸」的地位。

……

所以當孩子的成績「配不上」自己這個「教授爸爸」的身分時，他不是和孩子一起分析原因，幫助孩子一起努力找方法解決或者去面對、接受 —— 我的孩子可能真的不怎麼適合現在的這種教育模式，也許他就是不適合透過考學解決未來的生

計 —— 而是希望透過「改造孩子」，將孩子改造成自己滿意的樣子，來滿足自己的需要。

同時，家庭裡媽媽的觀念與爸爸的觀念存在差異，並且在孩子的成績成為「問題」時被激發出來，這也給孩子帶來巨大的衝擊，尤其是當孩子尚未形成自己的、穩定的價值觀時。孩子會認為是自己的原因造成父母的爭吵，而不會解讀為「這是父母觀念的差異，只是在『我的成績不讓爸爸滿意』這件事上爆發而已。『我的成績』只是一個導火線，而不是根源」。孩子會將父母的爭吵歸咎為自己的過錯，會帶來孩子的自罪自責，甚至可能會造成孩子的價值感喪失，可能會讓孩子認為自己的存在對父母而言是「失敗」、「恥辱」，可能會讓孩子認為，也許自己消失了家人反而會解脫，從而造成孩子採取極端行為。

透過跟這位「教授爸爸」溝通，又和「教師媽媽」溝通，得到的資訊與 B 談的情況基本一致。

跟家長溝通的目的是回饋一些資訊，比如：孩子到底是不是思想問題，是不是主觀上的不思進取、自甘墮落，同時也給家長提出一些營造良好家庭教育環境的建議。

【給家長的建議】

1. 每個人都有自己的發展時間表，也有自己的長處和軟肋

每個人都有自己的發展時間表，所以才有所謂「早慧」、「天才兒童」和「大器晚成」的說法。因此，沒必要強求每個人在同一時間段表現出同等水平。陪伴孩子成長，也許就是在等待一棵樹開花。而且，每個人都不一樣，哪怕有遺傳上的關聯也不能決定誰會必然成為什麼樣子。有時候，也許那是一棵桃樹、一棵梔子樹、一棵桂花樹、一棵蠟梅樹，可能在一年中的不同季節開花，而且也許會是棵鐵樹，根本不會開花。所以，面對與自己的預期不一致時，我們做家長的只有根據孩子的真實情況加以引導，而不是妄圖去「改造孩子」，說實話，你也沒有那個能力真的「改造孩子」。

與其「改造孩子」，去做無用功，同時傷害彼此之間的情感，不如真正接納自己孩子的本來面貌，協助他按照他自己的特質和時間表發展。

2. 孩子不是我們實現自我的工具

有個笑話，說的是小學生抱怨他的爸爸折騰他，說：「別人是笨鳥先飛，我爸是『笨鳥下個蛋，訓練那個蛋去飛』。」

我們縱然有很多的人生遺憾，要去實現也需要我們審時度勢，有些事就是沒辦法做到，那就只能接受。

假如問題其實是自己的，就不應該讓別人去背負。比如：這個個案中的「教授爸爸」，其實他內心對自己是不接納的。雖然他透過自己的個人奮鬥獲得了某個層面的巨大成功，但是他仍然非常介意自己的「出身」，希望繼續透過努力「徹底重塑」自己的完美形象——以前的「出身」、「原生家庭」改變不了，但是自己的事業、婚姻、家庭、子女是自己可以「掌控」的，所以就要求妻子、孩子、學生等完全按照自己的意願來行事和生活。其實，真正該看心理諮商的是這位「教授爸爸」，因為，沒有人應該是別人實現自我的工具。

所以，也許當別人讓自己非常痛苦、難以接受時，我們可以想想，「也許該我自己先去澄清一下：是我的問題還是他的問題，為什麼他讓我如此難受？」然後，再想想該怎麼辦。而不是一上來就要「改造別人」來「適應自己」、「滿足我的需求」。

3. 夫妻之間的分歧不可避免，但是不要讓孩子覺得是他的過錯

「牙齒和舌頭那麼好，有時候牙齒還會咬到舌頭」，更何況是來自完全不同的兩個家庭的兩個人組建的婚姻。夫妻倆不是

不能有價值觀、信念系統、生活習慣等方面的差異和分歧，但是，那是夫妻之間的問題，不要給孩子一種錯覺，「爸爸媽媽是因為我在爭吵」、「我是爸爸媽媽矛盾的根源」、「我是個包袱，沒有我，爸爸媽媽會是神仙眷侶」……

因為孩子很敏感，夫妻倆聲音稍微大一點，孩子也可能會解讀為爭吵。所以，夫妻倆有什麼問題，避開孩子，自己先協商好，再傳達給孩子統一的資訊；夫妻倆有什麼需要澄清的、討論的，甚至吵架的，也請避開孩子。

【給孩子的建議】

1. 分清父母的要求是合理的還是不合理的，並區別對待

這個建議也許真的超過一個孩子的能力。因為孩子必定有這樣的局限，就是經驗不足、無法判斷和要保持對父母的「忠誠」，這兩點就會讓孩子無法思考「父母的要求的合理性」。這時就需要孩子具備判斷能力。

這種能力從哪裡來？

首先，教育的開放性。來自父母教育的開放性、來自學校教育的開放性、來自社會主流價值觀傳遞的資訊 —— 培養孩子具

有質疑意識和思辨的能力 —— 不盲從於權威、不畏服於權勢。

其次，資訊的開放性。孩子可以從父母、同學、朋友、老師、媒體（傳統紙媒：如書報雜誌；現代媒體：如廣播、電視、網路等）多處獲得多元的資訊 —— 同樣的事件可以從不同視角、不同領域、不同層面加以解讀，並得到不同的資訊，能夠採取不同的對策，得到不同的結果……

最後，養成獨立思考，多角度思考的習慣。如果外界什麼都提供了，自己沒有養成獨立思考、多角度思考的習慣，那麼也是沒什麼用的。獨立思考並多聽別人的看法，積極參與討論，觀察別人的思維模式，借鑑其中有價值的部分。

當然，不可能一開始就很順利，能力是慢慢培養的，自信是慢慢建立的。當你能夠逐漸區分父母的要求是否具備合理性，或者是這個要求對於你而言的「適用性」時，其實，你的能力和自信就已經建立起來了，然後，再選擇適合的情景和方式加以回饋。

其實，「回饋」的重要性有時候遠大於「絕對的服從」。

「絕對的服從」是會讓對方「順心」、「如意」，但並不能引發他的「好感」，甚至可能讓對方輕視你。「回饋」則不同，「回饋」傳遞的資訊是：我收到你傳遞的資訊，我在積極思考你的意圖，我在思考現實的情況，我在綜合全盤考慮 —— 我很重視你傳遞的資訊 —— 我很重視你。哪怕你最終不會同意，不會完全按照對方的意圖行事，至少你也讓對方感受到你的態度是「積極正向」的。僅這一點就會減少很多不必要的猜忌和摩擦。

如果你判斷清楚，父母的建議是合理的、可行的，那就積極大方地回應和實踐，並不時匯報階段性的成果，這樣能激發父母的正向情感，取得父母更多的支持。

如果你判斷出父母的建議和要求不符合你的實際情況，你可以委婉地說明你的實際情況，並提出「修改意見」；你也可以和父母「簽訂君子協議」—— 提出你的想法，並提出驗證的方法，用事實說話，「誰的方法更有效，就用誰的」；你還可以找在父母面前有話語權的人去遊說……方法不一而足，關鍵是「有理有據」、「因人而異」、「有用有效」。

2. 改變你可以改變的，接受你沒辦法改變的

西方有句諺語說：「改變你可以改變的，接受你沒辦法改變的。」對人對事都是如此，對你的父母也是一樣。

就像我們希望父母接受我們「本來的樣子」一樣，我們也應該接受父母「本來的樣子」，這樣相互平等的權利和要求才是真正的公平合理。

父母是什麼樣，也不是我們能夠去選擇和決定的。有些人的父母和藹可親、通情達理，有些人的父母粗魯暴躁、沒常識、不講理；有些人的父母大方慷慨，有些人的父母吝嗇小

氣⋯⋯什麼樣的父母都有，只是看誰的運氣好而已。而且，這世上也沒有完美的父母，正如沒有完美的孩子一樣。可能有的父母慷慨大方，但是同時也沒常識、不講理。所以，既然我們希望父母不要對我們求全責備，我們也不要對父母太苛責。

如果我們可以在親子關係中做點什麼來改善關係，使彼此都愉快，那我們就嘗試去做一些努力；如果我們實在無能為力，那就盡量發掘父母身上的可貴之處，盡量與父母好好相處。畢竟，我們終有一天會離開家，去組建自己的家庭，創造自己的生活。始終糾結於一些自己無能為力的事，妄圖透過「別人的改變」來使自己過上幸福生活，既不現實也不長久，更沒道理 —— 誰也沒有責任為了別人而活 —— 你不用為了父母而活，父母也沒有道理為了你而改變自己。

3. 分清責任歸屬，承擔自己的責任

傳統美德中有「見賢思齊焉，見不賢而內自省也」的品行要求。有時候，我們希望自己成為「聖人」、「完人」、「偉人」，但是很重要的一點需要提醒的是：「每個人應該擔負自己的責任。」

那麼，我們自己呢？

作為學生，盡自己的全力取得最好的成績，是自己的責任，應該承擔，不管父母有沒有對此提出要求，都是不用質疑的部分。

作為子女，如果父母爭執，盡力去弄清原因，如果是因為我們，那我們要承擔起相應的責任；如果不是，是父母彼此之間的問題，那麼這不是我們的原因，我們不必為此自責、內疚。

我們可以做的就是，如果父母願意跟我們分享他們各自的觀點和結論，我們洗耳恭聽；如果他們不願意跟我們說，我們就請他們理智冷靜地面對問題，不要採取爭吵這種傷感情的做法；如果父母要我們在他們之間「站隊」，我們可以跟他們說：「有沒有道理，不在於人數多少。要子女在父母之間『站隊』，是很不理智的做法，這樣不僅傷害夫妻感情，也傷害子女和父母之間的感情，無論子女選擇哪一方，另一方都會對子女心生怨恨，子女也會對另一方心懷愧疚。」

如果父母真的讓我們做子女的「站隊」，那麼，從某種程度上講，這種父母已經很不成熟、很不理智了，子女能做的非常有限。但是我們做子女的要明白，我們可以做什麼、不可以做什麼以及為什麼。我們不能被不成熟的父母裹挾進他們的戰爭，在他們的戰爭中「陣亡」。

我們能做的就是，快快長大，豐富自己，堅強自己，從他們的失敗中吸取經驗教訓，避免自己重蹈覆轍。

第六章　我只想跳舞
—— 家庭破裂之後的孩子

C 坐到我面前時，我看到的是一個「街舞女孩」—— 化著很濃的妝，頭上梳著很多小辮，沒有上百，也有幾十，而且頭髮還染成了介於青和紫之間的顏色，好像光線角度不同，顏色就會不同，辮梢上還紮著絲帶，衣服很寬鬆，裡面穿著一件抹胸，熱褲下露出雪白修長的雙腿，一雙很炫酷的鞋。當她坐在沙發上時，我只覺得嚼著口香糖的她「睥睨一切」、「自成一體」。

C 已經有半年沒到學校上課了，學校為她辦理的是「長期病假」手續。

C 的父母離異，C 判給母親撫養。

父親不知所蹤。

C 母是做生意的，具體做什麼生意，C 不知道，也沒興趣知道。反正，C 母會每月往 C 的帳戶匯一筆錢。家裡有個保母，負責打掃環境、照顧花草和一隻名叫「多多」的狗。

C 會坐到我面前，是因為她媽媽希望她至少能完成高中學業，不要成天在外面晃。

C 從那塗成黑色的嘴唇裡吹出一個巨大的泡泡 —— 原來她嚼的不是口香糖，是泡泡糖 —— 泡泡破了，她的嘴唇靈巧地將泡泡糖又收回口裡，繼續嚼。

C 看著我，好像在觀察我的反應。

我也饒有興趣地看她玩泡泡糖 —— 吹大、破裂、收回、咀嚼、吹大、破裂……

我們就這樣沉默不語，時間一分一秒地過去。

終於，C 說：「我也想看看您有什麼辦法讓我回學校讀書。」說話間帶著挑釁。

「那麼，妳的意思是，妳希望透過輔導，澄清自己內心關於接受學校教育的一些想法，並且做出行為上的調整？」

「喲，老師，您說話怎麼像繞口令啊。能不能簡單點啊？」說著話，C 將自己深深地陷進沙發裡面。

「每個人有自己的一套話語體系。每種技能，比如街舞，也有相應的技術要求和標準。正如跟我看妳的穿著打扮和妳的街舞，也不是很了解一樣。但是，我願意聽妳講講妳的這套系統，如果妳願意的話。」

「哦……是嗎？您想聽我講？」C 將雙臂交叉抱在胸前，表現出深深的懷疑和防備。

「是的。」我很誠懇。

C 一邊思考，一邊觀察我：「嗯，那我說說我的『第一次』？」說著，挑起一邊的眉毛。

這是要試探我是不是像我說的那樣：對她感興趣、不會抱成見……

「好。」

「好？」

「嗯。」

C 的故事是這樣的：

C 母是個很有想法的女人，可是 C 父卻是個只想過平淡安穩日子的男人，兩個人生活中時常為了生活態度、處理問題的方式而發生分歧。媽媽總想「試試」、「闖闖」，父親總怕母親出什麼差錯，總想拉著母親，生活理念沒法統一，分手成了必然。

C 從小生活在父母的「討論」、「爭辯」直到離婚的過程中，從最初的恐懼、擔心慢慢變成後來的冷靜、冷漠。因為父母總會講出自己的道理，而且每個人都有十足的道理。C 也得出這樣的結論：

- 每個人都會有不同的想法；
- 每個想法都有一定的道理；
- 每個人都可以按照自己的想法生活，別人無權干涉；
- 哪怕是婚姻也不能成為約束別人的籌碼；
- 沒有人能限制你，只有你自己。

因此，C 想過自己隨心所欲的生活。

同時，C 也覺得男人應該胸懷天下、志在四方，不應該「窩」在家裡，還不讓家裡人出去。

父母離婚時，問她選擇跟誰，她毅然選擇了跟媽媽，因為「只有跟自己理念一致的人一起生活，才不會太累」。

父母離婚後，媽媽毅然辭職，開始做生意，在 C 生活中就慢慢出現得少了。開始，C 很想念媽媽，總期盼媽媽能回來，和自己一起生活，和自己說說話。後來慢慢地，C 意識到，現在的生活是媽媽的選擇，也是自己的選擇，那麼，既然是自己的選擇，就只能自己承擔結果。

沒有媽媽管束的日子，沒有媽媽陪伴的日子，寂寞、空洞、無力。

一次偶然的機會，C 看到一群人跳街舞。

舞蹈中透露出自信、堅決、果斷，舞姿酷炫、熱血，鬥舞時睥睨一切，合作時的默契甚至勝過生死之交……

「這就是我想要的生活！」

C 好像覺醒了，開始非常投入地學習街舞，跟隨線上的教程學習，到處打聽附近有沒有練街舞的人，或者做街舞培訓的，參加各種街舞的聚會……慢慢地，C 覺得學校裡讀書的生活不能滿足她，只有跳街舞的日子能讓她感到自己是「活的」，是「有生命的」，是能感受到生命的脈動和節拍的。

C 就開始以各種理由請假、曠課。

C 母的電話經常性地因為 C 的曠課而響起。起初 C 母沒有重視，草草地應付了事：一方面跟學校、班導師說「我會好好教育孩子」，另一方面跟 C「講道理」、「提要求」。剛開始，C 還會有所收斂，後來，C 覺得「我只是想過自己想過的生活。我又沒有做什麼違法亂紀的事，也沒有做什麼出格的事。妳不也是在過自己想要的生活嗎，憑什麼不讓我過自己想要的生活？」於是，她跟母親越走越遠。不接媽媽的電話、不回媽媽的留言，開始大膽地穿著「街舞風格」的衣服，朝著「街舞」的方向一去不回頭。

由於C長期不到校上學，學校通知C母協商C的學籍問題。

C是不會回學校讀書了，無奈之下，C母替C辦理了「長期病假」的手續，「不然，能怎樣，還能不管義務教育呀？」

萬般無奈之下，C母希望透過心理輔導改變C的想法，讓C回到學校讀書，至少把高中讀完，同時也不要再在外面「瞎混」，女孩子要是出點什麼事，會悔恨終生的。

孩子來到這個世界，完全是白紙一張。

後來孩子的成就作為、信念體系、行為習慣、生活習性、審美情趣等很多方面都深受來自父母和環境的影響。從某種程度上說，「孩子是家庭的產品」，深深地打著原生家庭的印記。甚至有人聲稱「孩子的錯都是家庭的錯」「孩子是家庭的鏡子，孩子反映出的都是家庭的『映像』」。

當然，每個孩子都是獨立的。

俗話說：「龍生九子，各個不同。」

同樣的家庭環境，兄弟姐妹也會有不同的性格、秉性。這也說明，在「孩子最終成為什麼人」這件事上，孩子本身也有不可推卸的責任，或者是基因或者是氣質類型在其中發揮著非常重要的作用。

所以，孩子的成長是一個父母和孩子彼此合作，共同「塑造孩子」的過程，其中，父母和孩子雙方的力量都不能忽視。

當然，孩子畢竟未成年，缺乏一定的人生經驗和生活閱歷，需要父母的指導，這毋庸置疑。

那麼，問題來了：如果孩子不接受父母的意見和建議，父母應該怎麼做？

像唐僧一樣「嘮叨」、「說教」，像孫悟空一樣「揍一頓」、「先打一頓再說」，像豬八戒一樣「諂媚」、「討好」，還是像沙和尚一樣「陪伴」、「守護」、「等待」……也許都要，需要在不同的時間、場合選用不同的「策略」。

有時候，培養孩子真的就是一個「鬥智鬥勇」的過程。所以也有人說「與孩子共同成長」的意思就是「在與孩子的鬥法中，充分體驗『魔高一尺道高一丈』的快感和『黔驢技窮』的崩潰」。

所以，養育孩子真是一個非常鮮活的生命體驗過程，絕沒有「從此，一家人和和睦睦生活在一起」的童話與浪漫。中間，父母會感受到孩子成長的喜悅、擔心孩子差錯的焦慮、遇到孩子頑抗的焦頭爛額、無計可施的絕望和崩潰……

我們回到案例本身。

從 C 的言論中，我們明顯可以看到，C 的觀念不成體系，甚至有不少不合理之處。如：

- 每個人都會有不同的想法；
- 每個想法都有一定的道理；
- 每個人都可以按照自己的想法生活，別人無權干涉；
- 哪怕是婚姻也不能成為約束別人的籌碼；
- 沒有人能限制你，只有你自己。

這些觀念，拆開看，都對，但都是狹隘、混亂的，像是從「心靈雞湯」上摘抄來的。

當然，C 的觀念從哪兒來的，我們不知道，也許是從生活中總結出來的，也許是從「心靈雞湯」中得到的。這暫且不管，問題是，C 有這些想法，身邊有人聽她說過嗎？有人與其討論過嗎？她有在與自己信任的人討論的過程中，矯正自己觀念的機會嗎？

顯然沒有！

身邊最重要的親人、監護人 —— 母親常年忙於生意，沒有在 C 需要的時候給予陪伴、守護、支持、幫助，只是每月匯錢。

甚至，C 說，媽媽對家裡的花花草草和那條名叫「多多」的狗，都比對她上心，還專門請了一個保母負責，卻任由她「肆意地」、「瘋狂地」、「自由地」生長……

也許在別的孩子看來，這樣的生活 —— 金錢富足、沒人管理（妨礙）的生活，十分令人嚮往。其實，真正在過著這樣的日子的孩子卻是孤獨、寂寞的。他們甚至希望能有像同學抱怨的父母那樣時時處處管著自己、過問自己的生活和課業的監護人。

那麼，C 現在究竟是怎麼回事呢？

父母離異，母親常年不在身邊，得不到親情的溫暖和支持，C 從學業上也得不到任何成就感，哪怕取得學業成就，又有誰能與自己分享呢？

年輕的生命充滿生機與活力，需要找個出口。

此時，街舞的出現，正好給了 C 一個出口：

街舞需要長期練習，需要毅力和努力，街舞跳得好有同好的歡呼和認可，是自我價值的肯定和實現。街舞建立了「人與人」的密切關係，是情緒的強烈表達，甚至有自己的哲學思想，有對世界、對他人的思考，這正是 C 所缺乏的、強烈需要的。因此，C 對街舞非常痴迷，以至於想以此為業，別的什麼都不想。

此時，想讓 C 告別街舞，返回學校，非常不現實。

此時的街舞，對 C 而言，就像汪洋裡的一艘小舟，是她暫時的避風港和安全島。在學習街舞、練習街舞、與同好一起活動的過程中，C 在逐漸地認識自己、澄清自己、調整自己的價值觀。換句話說，也就是 C 在慢慢探索自我，逐漸成熟的過程。

當然，母親的擔憂可以理解。因為，跳街舞的人，他們的裝束、做派，都是我們很多成年人無法理解和認同的，我們往往會對不了解的事物心懷恐懼。

【給家長的建議】

1. 離婚時，要充分考慮孩子跟誰生活才能獲得更好的成長

很多父母在離婚時，讓孩子選擇跟誰。

當然這可能有多重考慮，比如：孩子自己選的，那就避免以後孩子後悔，或者抱怨父母。或者，很大的原因是，現在帶著孩子再婚很可能會產生大量現實的問題或者困難，但是，做父母的如果不能直接說出「我不要孩子」這樣的話，那讓孩子自己選也不失為一種方法，就像是抓鬮，聽天由命。或者，也有可能是父母想檢驗自己在孩子心中的重要性是否超過另外那個人。

不管基於怎樣的考慮，應該把孩子的健康成長放在第一位。

本來，父母離婚對孩子而言具有「毀滅性」的打擊，好像天崩地裂。而此時，要讓孩子在父母中抉擇出親疏，選擇今後

跟誰生活，或者就意味著要讓另一方從自己的生活中消失，孩子該如何選才能儲存那可憐的「家」的感覺。

所以，就算夫妻間的「愛」已經不在，但是作為孩子的父母，這層非常重要的人際關係、人倫、血緣是不會因為離婚而消失的。

無論何時，做父母的都要把孩子的利益放在非常重要的位置上進行思考。

離婚時，要考慮的不僅僅是財產分割，還有子女的成長。不僅僅考慮孩子喜歡誰，還要考慮孩子跟誰能得到更好的成長。

2. 離婚了，不能從孩子的生命裡消失，要肩負起父母的責任

「父母是一輩子的事」，有人甚至說「只要不閉眼，孩子就是父母永遠無法放下的責任」。

古語說「父母在，不遠遊」，那是強調子女對父母的責任，那麼作為父母呢？如今家庭結構日益簡單，如果父母由於各種原因離開孩子，在孩子的成長過程中，父母的缺席給孩子帶來的傷害會在孩子的一生中慢慢呈現，甚至可能給第三代帶來可以預見的「困難」。

那麼，如果離婚了，父母可以怎麼辦呢？

首先，告訴孩子：「父母的婚姻結束了，僅僅是因為父母無法再在一起生活，這不是誰的錯，既不是爸爸的錯，也不是媽媽的錯，更不是你的錯。」

其次，告訴孩子：「雖然父母離婚了，但是，爸爸媽媽仍然是『爸爸』、『媽媽』，這永遠不會改變，爸爸媽媽永遠愛你。」

再次，雙方協商沒有監護權的一方探望孩子的頻率、時間、方式等細節，為孩子營造出「父母的愛還在」的感覺。

最後，雙方達成協議，絕不在孩子面前詆毀對方。

3. 離婚了，不要在孩子面前指責對方，要維護好對方在孩子心目中的形象

「父母是怎樣的人」，不僅僅是一個「對」與「錯」的問題，還涉及孩子會如何看待兩性／異性、如何理解兩性關係、將來如何建構自己的婚戀模式等問題。

不少家長在離婚後，不能放下個人的恩怨，在孩子面前大肆詆毀前妻／前夫，甚至整個家族齊上陣，能夠怎麼做到極致絕不手軟，誓把對方塑造成「十惡不赦」的「絕世奇葩」。殊不知，這會讓孩子懷疑愛情，不敢信任異性（可能會形成諸如女人就是水性楊花，就是愛錢，或是男人沒一個好東西等觀念），或是對自己的性別感到莫名的厭惡或者恐懼（例如：爸

爸給媽媽造成了這麼多的傷害，我作為男孩，今後會不會也給女性帶來傷害？或者女人這麼可惡，我也為自己的性別而感到羞恥)。

如果，實在對前妻／前夫無法釋懷，那就去找個諮商心理師，先解決好自己的心理問題。不要讓自己的心理問題既困擾自己，又給孩子帶來傷害。

4. 離婚了，不要讓孩子成為「孤兒」

離婚很可能造成經濟的拮据，為了撫養孩子，有孩子撫養權的一方，要更多地將時間用於賺錢，因此與孩子相處的時間就必然會被擠占。有些家長很可能為了更多地賺錢，同時孩子也能得到比較好的照顧，就讓孩子住校。這些無奈在無形中都將孩子置於「被拋棄」的現實之中。

讓孩子承擔一定的責任，可以讓孩子早日成熟。但是，如果孩子因此而在早年的生命體驗中就感到深深的孤獨、寂寞、無奈，這必然會成為其生命的烙印，甚至生命的底色，很可能會在他的一生中造成深刻的影響，對其自我價值感、成就動機、婚戀都造成影響，也可能會波及第三代。

所以，父母離婚，不要使孩子成為「孤兒」。

因此，不要輕易離婚。如果非離不可，要考慮到撫養孩子的一方的經濟狀況，更好地給予孩子成長必要的保障。

【給孩子的建議】

1. 婚姻是父母的，他們的模式只是千萬種婚姻模式中的一種而已，自己不必一定追尋他們的足跡

傳統的觀念認為：男主外女主內；女強人必定婚姻不幸；男性一定要勝過妻子，否則會婚姻不穩定……

這些觀念有其產生的條件，在一定時空範圍內有其合理性，也會存在一段時間。但隨著社會的發展，許多條件已經改變，觀念也會隨之而更迭。

自己父母的婚姻模式，只是千千萬萬婚姻模式中的一種，不是唯一合理的一種，更不是自己必然應該追隨的那種。所以，如果父母婚姻幸福，我們可以借鑑他們的相處之道；如果他們不幸福，我們同樣可以從中學習，在自己的人生中盡量避免同樣的不幸發生。

2. 每個人都應該有自己的生活，同時也要肩負起自己應該承擔的責任

不能為了取悅別人而犧牲自己，無論是興趣愛好還是人生理想，同時，我們作為關係中的一方，每個人都有自己應該肩負的責任。

「人」是一撇一捺構成的，只有其中任何一筆都不構成「人」，這說明，「人」這種動物是需要在與別人的關係中驗證自己、實現自己的。也就是我們常說的：人是社會動物。

所以，滿足自己，能使自己快樂；滿足別人，同樣也能實現自己的價值，能夠讓自己身邊的人因為自己而感到幸福，何嘗不是一件美事？這也是一種能力，更是一種美德。

3. 好的婚姻不是不吵架，而是吵架了還能繼續幸福地生活下去

兩個人能夠幸福地生活，並不要求兩個人一定要三觀相合，而是需要雙方能夠溝通、妥協，心裡有對方。

著名的阿根廷家庭治療大師米紐慶曾說過，他不止 50 次想離婚，100 次想掐死自己的妻子。

試想一下，著名的以解決別人的婚姻家庭困難為業的大師，在自己的婚姻裡也會遇到同樣的情況，不是說明大師不夠格，而是說明「婚姻原本就是一個難題」。

這道難題，並不意味著只有高手才能解答，而是說，雖然難解，但是我們還是要充滿熱情地投身其中，而且不同的人可以有不同的解法。

婚姻幸福遵循的原則也許是，明瞭婚姻中可能存在的各種困難和問題，同時，仍然對自己、對配偶、對婚姻抱有希望，

相信只要大家秉持「努力幸福下去」的信念，就可以攜手迎接生活中的種種挑戰，甚至包括離婚的威脅。

所以，破除對婚姻的不現實幻想，明瞭要雙方努力去爭取，才能贏得婚姻幸福。

鑑於C的現狀，我們的工作目標不是讓C返校讀書，而是讓C不脫離教育。

透過協商，C母調整自己的預期，並且與學校達成協議：

C母替C請家教，一方面學校同意讓C到校參加重要的考試，取得相應的成績；另一方面C可以在學校的社團（街舞社）擔任藝術指導。

透過這樣的努力，C感覺到母親對自己的愛是真實的，不僅僅是停留在口頭上，不再是以一種「她（媽媽單方面）覺得好的方式給予」，融洽了母女關係，於是C也就願意讓一步，接受家教，準時到校參加重要考試。而且，能夠在學校的街舞社做藝術指導，也在一定程度上滿足了C的自尊需求，在給街舞社提供藝術指導的活動中，C的價值感得到提升、效能感逐步增強，對上學也不再反感，從而進一步提高了讀書熱忱。

當然，我們的工作仍在繼續，那就是幫助C尋找自我價值，澄清自我。

第七章　愛挑刺的叛逆鬼
—— 青春期的孩子

D 是班導師揪過來的，因為他跟所有的科任教師都無法「好好說話」。

班導師又急又氣地說：「他呀，就是白目，老是愛在課堂上跟老師頂嘴，老愛挑老師的錯。而且一旦抓住就不放，非得別人當著全班承認，他才會得意揚揚地『鳴金收兵』。」

「誰說的，我才不是白目呢！我是捍衛真理。錯了就是錯了，就應該承認。當老師的都不能正視這點，怎麼教書育人？」D 瞪著眼，看著班導師。

班導師無奈地望著我：「你看看！你看看！就是這樣，根本沒辦法好好說話。」說著，班導師又轉向他：「做人呢不要太固執。你這樣會得罪很多人，而且，同學也不喜歡你這樣。有同學就說，你總在上課時挑老師的錯，嚴重地影響了老師的授課，經常使老師的教學進度無法完成，也影響了同學的學習。」

班導師語重心長，D 一副事不關己的樣子。

「如果你真的發現老師講授的內容有什麼問題，你可以下課了再跟老師交流……」班導師還在說。D 馬上搶白道：「那不就耽誤了大家的學習了。如果不及時糾正，讓同學形成錯誤的第一印象，要改就不那麼容易了。而且，萬一下課了，老師忘記自己這樣說過了，死不認帳，怎麼辦？那不是更加沒辦法更正錯誤了？」

班導師被氣得話都說不出來，只能乾瞪眼。

嚯嚯 —— 現場實況啊！

不用班導師再多做解釋，D 跟其他老師會是怎樣的交流風格，一目了然。

可是，D 為什麼會是這樣一種風格呢？在他「認死理」的背後，又有怎樣的故事呢？

「來，跟老師聊聊你發現的老師的錯有哪些。」

D 眼睛一亮，馬上將凳子挪過來，靠近我，開始列舉他發現的老師的錯漏之處。

一一聽下來，我發現，D 還真是個「認真讀書」、「好好聽課」的「好學生」── 因為，只有課前預習過，上課認真聽講，還要有一定的知識累積，才能發現老師的錯漏之處 ── 當然，其中包括一些老師的口誤。

說起來 D 還是教師子弟，D 的奶奶是教師，現在已經退休了，爺爺是退休工程師。

老兩口退休後，閒來無事，就幫兒子帶孫子。

別看老兩口在事業上很有作為，可是他們的兒子，也就是 D 的爸爸，卻沒有上大學，只讀了個高職，學了門汽車修理的手藝，現在自己開了一家汽車修理店，還招了幾個學徒，生意也是做得不錯。

可是，老兩口卻很失望。他們覺得自己的孩子還是應該考大學、考公務員，或者至少能進一間體面的公司，這樣至少有保障，也有面子。

老兩口思前想後，總結出的原因是：自己當年沒有教育好自己的孩子，沒有在幾個關鍵時期幫孩子「掌好舵」，以致孩子沒能走上「正途」。所以，現在自己退休了，有時間了，就可以在孫子身上彌補當年的遺憾。

於是，孩子從小就跟著爺爺奶奶生活，接受爺爺奶奶的「教育」、「栽培」，一路在爺爺奶奶的保駕護航下「健康」成長——小一前就認字超過 1,000 個，還會說英語，會 100 以內的加減乘除……成為家長教育自家孩子時口中的「別人家的孩子」。而且，D 的生活習慣、行為習慣很好，很有禮貌。看起來，爺爺奶奶的心血沒有白費，D 在「正確的道路」上一路狂奔，絕塵而去，別人家的孩子望塵莫及……

可是，隨著年齡的增長，D 上了國中，慢慢發現自己的老師好像沒有多厲害，沒有一個能讓自己真心佩服。

有些人講話臺灣國語、有些人行為習慣不好、有的常常會把課「講飛了」（即興發揮的東西太多）、有的上課很隨性（隨意接打電話）、有的不懂裝懂、有的字「爆炸醜，還沒我寫的好看」、有的噴太多香水、有的……反正在他看來，這所學校就沒有一個「十全十美」、能讓他「真心佩服」的「優秀」老師。

而且，D 還在網路上參與論壇討論一些問題。那個論壇據說要用英語，討論的都是非常「高深」的話題，涉及哲學、物理學、經濟學等一些非常熱門的話題，比如《時間簡史》、《未來簡史》之類的書籍都是他們討論後才在社會上引起熱潮的。

關於「如果老師講錯了，我該怎麼辦」，D 曾經與爺爺奶奶談論過。

爺爺奶奶的意見是：

- 你知道他講錯了，那就行了。
- 你可以再查查資料，看看是不是他講錯了，或者，教材上就是這樣解釋的 —— 也就是說：將來考試可能就會按照老師講的考。
- 多方求證之後，如果的確是老師講錯了，你可以跟老師談談，看看是不是一時口誤。
- 如果是口誤，那就沒事。
- 如果的確是老師講錯了，他還不承認，那就算了，反正你知道就行了……

D 也在網路上問過這個問題，得到的回答各式各樣。

有說「算啦！你知道就行了」的，有說「那就應該找老師講清楚」的，有說「別找老師，會跟老師結下梁子」的，有說「道理不辯不明，要跟老師討論清楚，否則，很多同學會得到錯誤的知識」的……總之，也是不一而足，沒有統一的看法。

D 經過仔細的思考，覺得還是要跟老師說清楚比較好 —— 自己問心無愧，也能求知求真。

於是，D 行動了……

剛開始，老師們還對這個「認真好學」的學生滿懷好感，認真地討論和解釋，可是後來，慢慢地大家覺得味道變了 —— 每次，D 確認是老師講錯了之後（包括口誤），他會像得勝的將軍一樣，志得意滿、趾高氣揚。而且，如果 D 沒辦法證明是「老師講錯了」，他是不會罷休的，不管是在課堂上還是在課間，或者老師下節有其他班的課，他都不會讓老師走，非得證明老師錯了，老師承認錯誤，他才會罷休。

老師們慢慢對他的印象改變了，透過嘗試跟他交流，發現 D 不管聽你說什麼，他都會認為是「老師在替自己狡辯」；班導師跟他交流，也沒用，經常同樣被噎得說不出話。

老師們都覺得：這孩子可惜了！

D 為什麼會這樣呢？

大概可以從他的養育環境中找到一些因由。

D 的爸爸在世俗的眼光看來，也算成功 —— 能從事自己喜歡的工作，能靠這個養活自己和家人，而且收入還算可以。可是在爺爺奶奶的眼中，D 的爸爸仍是個「失敗者」—— 沒有走父母期望的道路就是「失敗」。而且爺爺奶奶還因此而責怪自己，認為是自己沒有盡到父母的責任，才導致瞭如今的局面，於是 D 從小就跟隨爺爺奶奶生活，接受爺爺奶奶的「栽培」、「教育」。

可是，在爺爺奶奶這種「高標準」、「嚴要求」下，D 慢慢形成這種觀念：

- 這個世界上有「唯一」的真理；
- 「真理」不可撼動；
- 有錯就要認，就應該「改正」；
- 自己有責任去捍衛這些「真理」；
- 如果每個人都只管自己，不管別人，那這個世界會變得非常糟糕，我們每個人都應該肩負起自己的責任。

其實，D 自身還有一個問題 —— 隨著年齡的增長，D 進入青春期，開始需要確認自我，需要透過「挑戰權威」來樹立自我。過去，D 的「好孩子」形象是透過老師、家長來確認的，而現在，D 需要變得更加強大。

如何才能變得更加強大呢？

過去已經在「學生」、「孩子」的角色中做到最好，沒有上升空間了。那麼，青春期了，孩子更需要獲得同齡人的認可和讚賞。那要如何做呢？

可能就需要透過「挑戰權威」，推翻過去的權威人物，獲得自己的新身分 ——「新的權威」，從而在同齡人中獲得認同和尊重。

在 D 的心目中，爺爺奶奶是「十全十美」的，是「不可挑戰」的，那麼就只有學校的老師可以被作為「挑戰的對象」。於是，D 千方百計地尋找老師的錯漏、失誤，以證明老師不是「十全十美的」，是可以「挑戰的」。

當然，所有這些「想法」並非存在於 D 的「意識層面」，而是在他的「潛意識層面」。所以，根本不可能跟他在意識層面進行溝通，換句話說就是：講道理，是沒用的！

那怎麼做呢？

(1) 跟班導師溝通過後，我們達成一致 —— 給 D 展現自己的機會，滿足他確立自我的需求。比如：讓 D 負責班級某一專業性很強或難度很高的工作，D 能透過完成任務在同學中獲得很高的認同度（透過轉換目標，將「挑戰人」變成「挑戰難事」來獲得成功，既能滿足 D 的需求，又能減少人際衝突）。

(2) 讓他參加學校的團體輔導，在完成團體活動任務的過程中，看到／聽到／感受到「原來大家對同一個問題會有不同的看法、解釋以及解決的途徑」，感受到「這個世界沒有所謂的唯一標準／正確道路，解決問題可以有很多方法」—— 破除「非黑即白」的片面思維模式影響。同時在活動中看到大家都有能力對自己負責，並不需要別人為其承擔。

(3) 讓 D 參加學校的「心理劇社」。透過參與心理劇社的活動，如：心理學理論學習，學習劇本撰寫技巧，撰寫「心理劇」劇本，劇本研討等等，更多地了解「人」、理解「人」，更深地思考人性的複雜性，更多地了解自己周圍的「人」的所思所想……

透過一學期的時間，各科老師普遍反映「D 的 EQ 提高不少」、「能更加綜合地分析」、「不那麼『執著』了」……

【給家長的建議】

1. 父母的「三觀」和行為模式會成為孩子「三觀」和行為模式的底色

民間有俗語，「龍生龍，鳳生鳳，老鼠生兒會打洞」，講的其實是一個社會學原理：父母給我們的除了基因，還有生活方式、「三觀」等很多模式性的東西。因此，父母是孩子的「模版」，父母要培養出「別人家的孩子」基本上是不可能的事。我們永遠只能培養出「自己家的孩子」，只有別人才能培養出「別人家的孩子」。

所以，當孩子出現問題，不要僅僅看到問題出在孩子身上，就認為是孩子的問題，很可能我們會在家長身上找到根源。同樣，改變也不要僅僅從孩子身上入手，不要認為「孩子改正了，一切問題就都解決了」。有時候，孩子「改正了」，可是回到讓他「出問題」的家庭環境中，他就不得不「再出問題」，以適應他的家庭環境，否則，他很可能無法存活。因為他的帶著問題的行為方式、思想觀念很可能正是他多年來為了能在這樣的家庭環境中存活下來而逐漸適應出的「最有效」、「最佳」、「唯一」的方式。

就這個案例而言，也許D父的「失敗」正是對爺爺奶奶的一次「背叛」，從某種程度上說，也是一次「偉大的勝利」——他獲得了「自我」，獲得了「自由」，成長為「自己想要的樣子」，沒有完全順服於父母。這就是對父母長期以來的「嚴苛要求」的一種反抗，這對於一個「人」而言，是非常難得的成長和「確立」。

當然，從另一個角度講，D的爸爸是透過「犧牲」自己來獲得「勝利」。

所以，如果父母沒那麼強勢，逼迫得沒那麼緊，能夠跟孩子好好談談，了解孩子的需要，傾聽孩子的心聲，D的爸爸可能會走出另一條道路。

也許那會是一個更「皆大歡喜」的結局。

所以，建議家長「每日三省吾身」，經常性地反觀自身；當孩子出問題時，能夠從更加宏觀的視角、從家庭的視角看待和解讀，而不要以為抓住孩子，就能解決問題，僅僅跟孩子「較勁」，一味要求孩子調整自己的言行。

2.「兒孫自有兒孫福」，做祖輩的要學會放手

傳統文化非常重視家族利益，祖輩們常常為自己能夠幫助兒女而驕傲，認為自己還有價值。

其實，隨著時代的進步，現在的年輕人更加重視孩子的教育，也重視個人生活空間以及隱私、權利等。有時候，祖輩滿懷美好的設想，想幫助兒女解決生活中的各種問題。其實在兒女看來，不一定是好事。他們有可能將其解讀為祖輩對他們權利的剝奪，對他們能力的懷疑……

當然，如果子女提出了請求，需要祖輩的幫助和支持，那麼，祖輩可以量力而行，同時還要看自己是否願意。如果覺得不情願，也不要勉強自己。否則，祖輩心不甘情不願地給予了幫助和支持，心裡就可能覺得自己「吃虧了」、「是被強迫的」，就希望透過某種方式找回平衡，比如：希望兒女遵循父輩的方式行事，或者認為兒女應該對自己「畢恭畢敬」……這樣只會破壞關係，使原本平等的關係變成了「交易」或者「債務關係」，只會導致家庭關係的緊張。

所以，對於祖輩而言，照顧好自己就是對兒女最大的負責，就是最大限度地減輕子女的負擔。

【給孩子的建議】

1. 祖輩和父輩的問題，應該由他們自己去處理

也許祖輩或父輩有他們自己的人生遺憾，他們希望能夠在我們身上得以實現。

但是，我們每個人的人生首先是自己的，我們能夠完成自己的夢想，不負此生，就是很了不起的。因此，不必因為沒有幫助父輩或祖輩實現他們的人生夢想，或者彌補他們的人生遺憾而心懷愧疚。

2. 青春期，兼聽則明

古語雲「兼聽則明，偏信則闇」。尤其是當我們掌握的知識有限、人生閱歷不那麼豐富時，我們更需要「多聽」、「多看」、「三思」。

青春期，是我們每個人都需要經歷的，非常重要，非常特別。

在這段時間裡，青少年產生「自我同一性問題」非常正常。

在此期間，我們會強烈地感受到自己的成長、變化、強大，急切地想確認自己已經長大成人，應該得到與成年人一樣

的「權利」、「尊重」，我們需要「像個人一樣地活著」。所以，有時候，我們可能會沒有耐心聽別人的，我們是如此急切地要表達自己，哪還有空聽別人在那裡絮叨。

而且，我們也很怕別人不相信我們，我們必須排除一切會讓別人懷疑我們的因素，我們可能會因此而變得「極端」、「武斷」、「非黑即白」……

可是，俗話說：「心急吃不了熱豆腐。」

如果我們真心想確立一個「還不錯」、不至於淪為「笑話」的形象，我們需要更多地聽取別人的意見、建議，更多地聽取前輩的人生經驗分享，更虛心地向我們認為還不錯的前輩請教……

「三人行必有我師」能夠千古流傳，正是因為這句話有著巨大的啟發意義。

第八章　白癜風男孩
—— 偶像般的父親沉淪之後

E 是個高大帥氣的男生，走起路來有點痞氣，可是很招人喜歡。他一來我的輔導室，就很認真地和我討論 Beyond、心理電影、哲學問題。

這是要做什麼？

再熱的天氣，他都會把校服穿得整整齊齊。

這很奇怪，不是嗎？

終於有一天，他脫下校服，向我展示他的皮膚 —— 小麥色的皮膚上，有星星點點的白色小斑塊 —— 他患有「白癜風」。

原來，他其實是為了內心的這個隱憂來找我的，之前的種種討論都只是對我的試探，目的是了解我是不是一個「合適的」、可以談論、可以接受他的「白癜風」、接受他的人。

因為他的「白癜風」，同學會有異樣的眼光；為了避免種種不必要的困擾，他常年遮蓋自己的皮膚，再熱的天氣也從不穿短袖，總是長衣長褲；為了醫治「白癜風」，他跑遍了大江南北，家裡也花費了很多錢，可最後得出的結論是：「白癜風」是一種「遺傳性疾病」，可是發不發作，卻沒有一定的規律，而且，「白癜風」是「無法醫治斷根」的疾病。

為此，他很痛苦。

眼前這個高大帥氣的男孩，真是很討人喜歡，可是他卻說自己從來不會跟班上的同學深交，因為怕他們知道自己有「白瘋風」之後，因「害怕」自己而遠離……

他常常感到很孤獨，覺得世界很冷漠……

慢慢地，我們的話題從他的疾病延伸到他的成長史。

在他慢慢展開的成長史中，我看到了一個男孩的艱難成長過程。

E的父親曾是家族的榮耀、E的燈塔、家庭的依靠。

父親是一名軍人，而且職位很高，每次休假返鄉，家族裡的所有長輩都會前來探望，家族裡的小孩子，甚至坊間的小孩子都會因為E有這樣的爸爸而豔羨不已。E也會因此而得到很多的「關照」，受到很多人的「青眼相待」。總之，小時候，E生活得很幸福，很快樂，像個「貴族子弟」。

可是爸爸卻一點都不溺愛E，他要把E培養成「男子漢」。

小時候的E很瘦弱，在學校常常受同學欺負，每次打不贏，E就會回家哭。有時候，爸爸正好在家，E多希望爸爸能帶自己去找那幾個孩子「算帳」，可是爸爸卻說：哭什麼！男人就要「自己的問題自己解決」。

E聽到這些，內心是崩潰的。

「爸爸是不是嫌棄我給他丟臉了？爸爸是不是覺得我太弱了，不配做他的兒子？爸爸在家族裡、在鄉里坊間得到這麼高的尊重，而我卻是個『不能解決自己的問題』的『窩囊廢』……」

E 受到雙重打擊，一則來自同學的欺負，二則來自父親的「忽視」、「嫌棄」……

有一次，同學把 E 堵在路上，把 E 打得灰頭土臉、嘴角流血……正好，E 的爸爸從旁路過，E 滿眼期望地望著爸爸，希望爸爸給予幫助和支持，至少能夠過來過問一下，阻止事態惡化。可是，爸爸撂下一句話，揚長而去。

爸爸說的是：「打不贏，別回來！」

那天，E 感到無比絕望、憤怒。

那天，E 把那 4 個比他壯的男生打得跪地求饒。

從此，再沒有人敢欺負 E。

「其實，我現在想起來，爸爸那樣做是對的。要不然，我一直都不能自己保護自己。永遠都不能長成個『男子漢』。」

可是，E 這樣說的時候，眼裡滿是落寞。

後來，國中時，不知為什麼 E 突然開始發胖，國中男生 160 公分的個子，體重達到 80 公斤。E 胖得不成樣子，連自己都開始嫌棄自己。而且，自從國小那次「一戰成名」，就沒有人敢輕視自己、沒人敢動自己，自己功課也一般，不怎麼用心，在班上就成了「沒人管」、「可有可無」的存在。

有一次，E 在家裡翻東西，偶然在媽媽平時會上鎖的一個抽屜裡翻出了爸爸媽媽的「離婚協議書」—— 原來爸爸媽媽早就離婚了。

回想起來，爸爸好像已經很久沒有回過家了。

E開始仔細回憶：

爸爸退伍回家後，剛開始是在一家公司裡做高管，每月收入頗豐，家裡很快購置了很多很上等的東西。後來好像爸爸開始迷上賭博。據媽媽說，是因為有人設局。後來爸爸挪用公司的錢，不久後，爸爸從那家公司離職。再後來，爸爸淪落到在一所私立大學當「舍監」── 宿舍管理員。

「爸爸那麼驕傲的人……」E的眼裡泛起淚光，說不下去。

好像，爸爸媽媽就是那段時間離的婚。

「而且，爸爸和媽媽離婚，將債務轉給了媽媽。那些收帳的人經常半夜三更來敲家門……」E說這些的時候，眼裡滿是迷惑、不解。

「他不是說男人就要『自己的問題自己解決』嗎？為什麼要把自己的債務轉給我媽？我媽，一個女人，有什麼能力還幾百萬的債務？」E這樣說的時候，眼裡滿是淚，還有不解和憤怒。

「國三畢業那年，我和一個好朋友一起到玻璃廠打工賺錢，我們主要就是把玻璃廠收的廢玻璃砸碎。

一個暑假，我們就光著膀子在烈日下砸玻璃。身上的皮都晒裂了。

玻璃廠的老闆都誇我們，一起去的十幾個學生，有些還是大學生，都沒我們認真。

每次，我們躺在草地上看夕陽晚霞時，心裡就好滿足。

一個暑假下來，我就瘦了十幾公斤，恢復了正常的體重，還長高了一些，皮膚也晒黑了，看起來很健康。」

說到這裡，E 臉上揚起自信和驕傲。

「國中的時候，我偶然聽到 Beyond 的音樂，了解到香港的黃家駒，開始瘋狂地迷戀搖滾，還自己組了一支樂隊，在學校的藝文競賽中表演過，很受歡迎。

上高中了，我開始喜歡拳擊。一開始是觀看影片。再後來，我自己就開始練習拳擊，還將自己的練習影片上傳到網路上，這也引起了一家拳擊俱樂部老闆的注意，他還邀請我去他的俱樂部練拳、當拳手。」

說到這些，E 就像是一個獲得表揚的幼稚園小朋友，滿臉陽光和自信，那種驕傲溢於言表。

「不知道什麼時候，我的皮膚上開始出現一個個像米粒大小的『白點』，原本我也沒在意，後來，這些『白點』不斷增多，面積不斷增大，最後，就成了『白癜風』。

剛開始，我就在附近看醫生，沒什麼用，又到市區大醫院看，吃了很多藥，抹了很多藥，還是沒什麼用。

我媽也陪我去看過那些知名的專家，都沒什麼用。我自己也在網路上查詢過不少資訊。好像一個很有名的導演也得了這個病，不過，最近看他的新聞，他的皮膚顏色已經恢復正常，也許是化了妝。還有麥可‧傑克森好像也是因為得了這個病才開始漂白皮膚的。

不過，他們都是有錢人。

聽說還可以做什麼『基因療法』，但那會花很多錢。

我媽沒那麼多錢。

現在，高三了，面臨學測，我想讀幼教系，去幼稚園教那些天真無邪的小孩子。去保護他們，照顧他們，使他們健康成長。

可是，自己的『白癜風』會不會影響到個人申請？

要是自己的『白癜風』一直無法好轉，幼稚園的小朋友會不會害怕，會不會被嚇到？」

……

原來，促使E來找我的近期誘因是這個焦慮。

從E的成長史來看，E的爸爸曾經是他成長中最重要的榜樣：

軍人——給予人值得信任、可以託付的感覺，而且爸爸的這份職業也給家庭帶來榮耀。這在E幼年時是非常重要的精神力量。

後來的成長中，爸爸對「挨打事件」的處理，可以說是一把雙刃劍，一方面，促使E學會堅強和自我保護；另一方面讓 E 感受到某種程度的「拒絕」、「冷漠」，對 E 造成了一定的傷害，使 E 開始懷疑「自己是不是不配做父親的兒子」。

這對一個小男孩而言，是非常致命的。因為，男孩最終會成長為「像爸爸一樣的男人」，可是「來自爸爸的拒絕和否定」就意味著，懷疑「自己是不是配得上自己的出身」，是對「自己出身合理性的一種質疑」。有些人可能因此而更加努力去證明自己是「配得上」的，可能因此而取得很大的成就；有的人卻可能因此一生都充滿自我懷疑與自我否定，始終扮演一個「失敗者」的角色，從而證明「爸爸的質疑是對的，我不配做爸爸的兒子」。但是無論哪種，這種「曾被父親質疑過的兒子」都會在某些時刻自我懷疑，無論他取得了多大的成就。

後來，爸爸欠下鉅額賭債，透過離婚來逃避責任，這些行為都造成「軍人爸爸」人設的崩塌。

對於 E 而言，那個曾讓他驕傲、讓他仰視、讓他奉為神明的爸爸，徹底崩潰。

這怎麼能是那個說「男人就要『自己的問題自己解決』」的「軍人爸爸」可以做出的事？

就連一般男人做出這種事，都會被人鄙視、唾棄，這怎麼能是那個令自己驕傲、倍感榮耀的「軍人爸爸」可以做出的事？

這種類似「信仰崩塌」的打擊，使 E 在精神上突然失去榜樣和方向。

這些可能與他罹患「白癜風」存在某種尚待確定的關聯（「白癜風」發病與精神因素也存在一定的相關性。當然，我們還可以做進一步的假設，也許 E 患「白癜風」這種疾病，具有某種隱晦的寓意 ——「見不得人」；雖不致命，卻會讓人鄙視；像是某種恥辱的象徵 —— 自己是「這個人的兒子」。當然，這都有待進一步的證據加以證明）。

所以，也許 E 想將來讀幼教，去幼稚園教那些天真無邪的小孩子，去保護那些幼小的、「沒有受過汙染」（E 的原話）的小孩子，在某種程度上是對自己的「補償」—— 因為自己沒有這樣一個「好爸爸」，那麼自己就努力去做一個「好爸爸」，去照顧別的小孩子，使他們不要遭受和自己一樣的「不幸」。

當然，E 的各種嘗試，例如：玩搖滾、練拳擊、暑假到玻璃廠打工，可能都是對自己的一種找尋和驗證，希望成為一個「有責任」、「有擔當」、「有能力」、「有力量」的「男子漢」，是值得託付、可以信任的。

【給家長的建議】

1. 給孩子一個真實的榜樣

無論男孩女孩，其成長過程中都需要榜樣。

一般情況下，男孩會把爸爸作為自己的榜樣，希望自己成長為像爸爸一樣的男子漢；女孩會將媽媽作為榜樣，希望自己成長為如媽媽一樣的女人，同時會將異性父母作為自己未來伴侶的模板印刻進自己的生命裡，相當程度上，人們會尋找跟自己的異性父母相似的人作為自己的伴侶。所以，民間會有「不是一家人不進一家門」的說法。

而如果父母給自己孩子的「榜樣」太不真實，或者說，反差太大，可能會讓孩子無所適從。

就如同這個案例中的「軍人爸爸」一樣。

剛開始，形象非常的「光明正大」，可是後來，卻突然「人設崩塌」，變得「猥瑣不堪」、「沒責任感」、「沒擔當」，這會讓任何人都無法接受。

當然，也許這裡面有具體的問題是外人所不知道的。

但是，無論何時，孩子都生活在父母的身邊，時時刻刻在觀察、效仿父母的行為。如果不給孩子一個他能夠明白和理解的解釋，那麼孩子是無法理解和接受的。孩子要麼就會很崩潰，要麼就會「認同」父母的這種行為，在自己以後的生活中遇到相似的情景時，就會採取相似的模式應對。

人無完人。關鍵是「真實」，讓孩子看到「真實的父母」。

但這絕不是要將許多的「不堪」赤裸裸地呈現在孩子面前，而是要讓孩子一方面了解「真相」，另一方面仍然相信「真善美」。

比如這個案例中，E 的父母可以讓孩子更多地了解自己的生活、人生態度、處理問題的思路，讓孩子看到父母在如何積極地解決問題，而不是僅僅看到「好像父親就是個推卸責任的混蛋」，是個「說一套做一套的偽君子」……據後來了解，E 的爸爸雖然在做「舍監」，也每個月將一定的錢匯給 E 的媽媽，讓她還帳。

其實，生活既有陽光燦爛，也有晦暗陰雨，我們呈現給孩子的應該是全部，而我們可以強調的是「生活中充滿各種可能，我們都要有勇氣去面對，去承擔屬於自己的責任」。

2. 無論怎樣，都不要從孩子的世界裡消失

不管是因為何事，離婚也好、工作也好，父母任何一方都不要從孩子的世界消失。

孩子的成長任何時候都需要榜樣和陪伴。孩子是透過觀察

父母來學習如何在這個世界上生活的。那些留守的孩子、缺少父母關注的孩子，他們能夠獲得的榜樣教育少得可憐，或者只能從電視、網路上去獲得。要知道，文藝作品來源於生活，卻不等於生活本身。孩子們在那裡無法獲知生活的真相，得到的往往是一鱗半爪，或者過分誇張的表達。

所以，無論什麼原因，都不要從孩子的世界消失。實在無法經常性地出現，也可以透過各種媒介進行頻繁、深入的溝通，使孩子和父母之間的情感鏈條不致斷裂。

3. 用情感養育孩子

巴金說過：人不是光靠米活著的。

著名的「恆河猴實驗」也說明：連小猴子都會選擇有撫慰作用的「絨布猴媽媽」，而不會選擇僅僅有奶的「鐵絲猴媽媽」。

那麼人呢？

個案中的「軍人爸爸」也許有太多的「軍人做派」——說得少，做得多；用行動說話……

可是，孩子是需要語言的，是需要情感的。孩子是經驗不足的人，父母有時候不講明，孩子就真的無法理解、不能接受。

也許，「軍人爸爸」在「挨打事件」之後應該給孩子一個機會，和孩子深入地談談自己是怎麼思考這件事的；或者，事後就簡單地鼓勵一下孩子——「你看！你是可以自己解決問題的。我就知道你可以！我一直相信你！……」這些話語都能夠給孩子肯定，使孩子明白地感受到來自父親的肯定和接納以及父親的期許。孩子就會得到莫大的鼓舞，從而自信心得到極大的增強。

無論何時，在情感上支持、鼓勵孩子，使孩子有可能成為「精神強大」、「情感富足」的人，這遠比留給孩子物質財富來得重要。

【給孩子的建議】

1. 接受真實的父母

我們都是平凡的普通人，我們的父母也是。

我們都有人性的高尚，也就會有人性的渺小。

小時候，我們會覺得爸爸媽媽就是全世界最偉大的人，沒有他們解決不了的事。可是在後來的成長中，我們開始慢慢發現，父母也有很多不足，甚至有不少我們非常「瞧不起」的地方。

可是，這就是真正的人啊！

我們將來也會有要面對自己的「無能」、「軟弱」的一天，那時我們會發現，父母所做的選擇也許是他能夠做出的「最好的選擇」。

所以，接受「父母的全部」，而不是只接受父母「良好的」、「讓自己滿意的」部分。

當然，這並不是說，無論父母做得如何都要讚賞，而是要對父母的行為加以甄別，學習他們做得好的部分，對可以有不同選擇的部分謹慎地嘗試、不斷地總結，使自己有機會成為「站在巨人肩上的人」。

2. 盡可能地去了解父母

每個人都是複雜的，我們是，我們的父母也是。

而且很可能每個人在不同的人面前呈現的面貌會不同，同時，不同的人也會對相同的呈現給予不同的解讀。所以，盡量去了解父母，多管道了解父母，也許才能真正了解一個人，而這個人對我們至關重要。

希望我們每個人都有機會去了解那個對我們至關重要又影響深刻的人，了解他，從而更好地與他相處。在與他的相處中，獲得寶貴的生命的、家族的、血脈的聯結和支持。

3. 給予父母基本的尊重

很多時候，我們輕慢一個人，只是為了彰顯我們自己的優越感。

可能我們瞧不起清潔人員，僅僅因為我們自己覺得在從事「更高級」的工作；我們瞧不起小商小販，僅僅因為我們覺得自己不會「錙銖必較」。可是，當我們看到他們不為人知的一面時，我們又可能會為自己的「狹隘」而感到羞愧。

作為孩子，很多時候，我們會透過否定父母來彰顯自己的「長大」、「成熟」。也許當我們真正了解到父母更多的層面、更多不為我們所知曉的部分，我們才會真正了解這個「真實的人」。

所以，給予父母基本的尊重，就如同尊重這世上的所有其他「陌生人」一樣，給予他們對人的「基本尊重」，不要妄自輕慢他們，不要做讓自己看起來很差勁、很蠢的事。

第九章　媽媽，請不要傷害我
—— 被虐待的孩子

G是個美人胚子，小巧的臉，精緻的五官，靈動的眼睛，比例勻稱的身材，一副我見猶憐的樣子，相信任何男生見了都會好感頓生。

她來到我的辦公室，是她媽媽強烈要求的，班導師說：G媽媽強烈要求學校的輔導老師替她孩子做一下心理輔導，把她「扭轉過來，讓她好好讀書，不要去學那些壞孩子的樣子」……

是什麼樣的媽媽會認為自己的孩子是需要學校輔導老師透過做心理輔導來「扭轉」的？

G坐在我面前，一副小心翼翼的樣子，不知道我要做什麼，不時抬眼看我一下，隨即垂下眼簾。

「妳為什麼會來到這裡，你知道嗎？」我溫和地問。

G抬眼望著我：「知道，希望我學好，不要叛逆，好好做人。」

怎樣的孩子會說出這樣的話？

「誰認為你需要『學好』、『不叛逆』、『好好做人』？」

G詫異地望著我，似乎沒想到會有人這樣問，似乎在她的世界裡所有人都認為她「是個壞孩子，需要被改造」。

「我媽媽！」她幾乎是脫口而出。

「那妳能跟我講講妳的媽媽嗎？」

「我媽媽？」她很奇怪地望著我。

G小心地用眼睛尋找答案，那眼神好像在問：不是應該說我嗎？有問題的不是我嗎？該接受教育的不是我嗎？

當她看到我真誠地望著她，期待著她，她迅速將眼睛轉到別處，旋即再次望向我，似乎要再次確認。

我認真地點點頭。

G很小的時候媽媽就和爸爸離婚了。G跟著媽媽，媽媽好像一直沒有什麼工作，但是每天都會在外面打牌，還有一群和媽媽差不多的「閨密」。

後來，媽媽交往過幾個「男朋友」，都帶回家住過，但是從沒有結過婚。

媽媽會抽菸、喝酒，會和「閨密們」一起玩到半夜才回家，也可能會通宵不回家。

有時候，G等媽媽回家，會在沙發上睡著。等到天都亮了，還不見媽媽的蹤跡，就只好自己默默地去上學。

有時候，放學回家，可能看到媽媽醉倒在沙發上，一片狼藉。

有時候，媽媽會抱著G哭，說自己這些年多不容易，要養活G，要給G一個好生活，在過著自己都不喜歡的生活。

每當此時，G就會覺得媽媽很愛自己，為自己做出了很大的犧牲，而自己好像是媽媽痛苦生活的根源，要不是因為自己，媽媽就不會過著這種連她自己都厭棄的生活，自己就是個累贅、包袱，就是個麻煩……

可是媽媽經常不在家。

媽媽會在家放一些錢，要是她沒有回家做飯，G 就會拿著這些錢去買些吃的。

有時候，媽媽會讓 G 去買些菸或酒之類的東西。

剛開始，G 會覺得很不舒服，覺得別人會用異樣的眼光看自己，就像自己做了不好的事。G 會低著頭，小步快跑回家。

有一次，G 在買菸的時候，旁邊有個小姐姐，很用心地看著 G，還和 G 搭話，問了很多 G 的事。G 很緊張，趕緊跑回家。

後來，基本每次去買菸，G 都會遇到那個小姐姐。那個小姐姐有時候還會親自拿菸給 G，對 G 很親切的樣子。慢慢地，G 和那個小姐姐熟起來，知道原來小姐姐是老闆的女兒，已經不讀書了，在家幫忙。

後來，媽媽不在家時，G 就會找小姐姐，和小姐姐聊天，小姐姐會跟 G 講很多「社會上的事」，也會告訴 G「要好好讀書」。G 覺得很溫暖。

有一次，G 正跟小姐姐聊得熱火朝天，媽媽突然出現了。媽媽看到 G 跟一個「混社會」的人在一起，就跟小姐姐理論，讓她離 G 遠點，警告她，G 還在讀書，別把 G「帶壞了」。

G 覺得很丟臉，替媽媽丟臉。

回家後，媽媽就盤問了 G 很久，就是不相信 G「只是因為去買菸才認識的」、「平時也沒有什麼太多的往來」、「小姐姐還會勸G好好讀書」之類的。

媽媽就大肆地辱罵G，說她不學好，說她就會跟著那些壞人「鬼混」，將來長大就是「婊子」。說著說著，還用手劈頭蓋臉地打G，掐G的嘴，說她撒謊……

從那以後，媽媽就把G當成說謊的壞小孩，在她自己的「閨密圈」裡說G讓她操了多少心，說她「偷錢」、「抽菸」、「喝酒」、「到處交男友」……「閨密們」就來「教育」G，讓她要聽媽媽的話，要懂得感恩，要孝順媽媽……

G覺得很委屈，跟「阿姨們」解釋，有的會聽，然後跟G說：不管怎樣，媽媽都很不容易，妳要多體諒媽媽；有的就沒那麼有耐心，直接跟G說：別那麼沒良心，媽媽很不容易，妳應該好好地聽話，別惹媽媽生氣……

G覺得真是無處申冤，自己哪有做那些「壞事」。再說，媽媽自己不也「抽菸」、「喝酒」嗎？至於「偷錢」，那次是因為媽媽好久都沒出現，媽媽給的錢早就用光了，自己就從媽媽平時放錢的「箱子」裡拿了一些錢去買吃的，原想著，等媽媽回來跟媽媽說。可是接連好幾天，要麼媽媽不在，要麼就是爛醉。然後有一天，當自己放學回家，一開門，就被媽媽揪著耳朵提進門，一邊打一邊罵自己是「賊」、是「爛貨」、是「養老鼠咬布袋」……根本不聽自己解釋，怎麼說她都不聽，她只問：「妳有沒有偷錢？妳偷錢之前跟我說過了嗎？」

「我哪有機會跟她說？」G 抬起滿是淚水的眼睛。

「我其實沒有交男友，老師，您信嗎？」G 滿是期待地望著我。

「那些朋友都是網路上認識的，他們都不是壞人，他們很關心我，我們只是有時候會聊聊天，說說話。有幾個見過面，但是他們都沒有對我做什麼，我們只是見個面，一起吃點東西，一起逛逛街。可能正好被媽媽的閨密看見了，就跟媽媽說了。媽媽就回家打我，說我『賤貨』、『到處交男友』，讓她丟臉……

我媽媽還說，要是我再不學好，就把我送去那種矯正學校，要把我『改造好』。

老師，您知道那種學校嗎？據說，那種學校會關禁閉、會不給飯吃、會讓學生相互毆打，直到學生改好，重新做人。」

G 的眼裡有不安和恐懼。

在 G 描述的生活和成長歷程中，媽媽對 G 的成長造成了很大的傷害，可是，G 的媽媽究竟承受著什麼，G 的媽媽有著怎樣的人生經歷和世界觀，我們也不曾了解。而正是這些我們不曾了解的部分塑造著 G 的媽媽，影響著 G 的媽媽採用怎樣的方式對待 G。

從 G 的描述中，我們得到的媽媽的側寫是：沒有正當職業，收入不穩定，生活不規律、不穩定，親密關係混亂、不穩定，精神壓力大、生活壓力大，單親媽媽，可能患有情緒障礙症或者人格障礙症。

也許，我們僅從G的視角來描繪G的媽媽，不夠「全面」、「客觀」，但是，每個人的內心世界從來都不是「客觀」、「全面」、「公正」的。我們都是「戴著有色眼鏡」看世界，世界在我們每個人眼中都有不同程度的「歪曲」、「變形」。

而且，問題的關鍵從來都不是「真相」是什麼，而是「你為什麼會看到、感受到這些？」「這樣的感受、想法對你自己造成了怎樣的影響？」

可以確定的是：G目前處於受到身體虐待、情感虐待的環境之中，身上有明顯的傷痕。

鑑於G家庭的具體情況：父母離異，父親不知所蹤，沒有其他近親屬，G由母親一人撫養。我們約G的母親到校面談。

G的媽媽自稱已經40多歲，可是，看起來只有20多歲的樣子，而且衣著、首飾、妝容非常精緻，保養得很好，皮膚白皙，眼角沒有皺紋，真是個精緻的美人，難怪G長得那麼好看，原來是遺傳了媽媽的美貌。

G的媽媽侃侃而談，簡單講述了自己的情況，和G講述的基本一致。然後就是對G的種種「惡行」的歷數和聲討，並表示自己對孩子的「惡行」所付出的努力收效甚微，自己的傷心、失望，同時承認，也許自己也有問題，可能自己也需要心理輔導。

我們接著她的話頭，首先肯定了她作為單親媽媽的艱辛和付出，接著陳述了這種生活的壓力和精神的壓力可能會對個人的身心健康都造成一定的威脅，然後謹慎地表達了對 G 身上出現的傷痕的關注，並提出，我們誠摯地邀請她來參加家長互助小組活動，在小組活動中相互借鑑教育子女的方法，獲得相互支持和關心，建構積極的社會支持系統。

G 的媽媽後來斷斷續續地來參加過幾次家長互助小組的活動。剛開始，G 的媽媽在小組活動時，又向其他家長講述 G 的「惡行」，後來在家長小組帶領老師的引導下，在小組的團體動力中，逐步學習改變自身的行為模式。

我們對 G 提供長期的心理輔導服務，幫助她整理自己，重新建構積極的自我認知。經過兩年多的心理輔導，G 的狀況得到改善。

【給家長的建議】

1. 整理好自己的生活

我們不是為了孩子而生活，孩子也不是我們的藉口。也許我們每個人都會有一些不得已、有些不足為外人道的艱辛，但這就是生活。我們要對自己負責，選擇並承擔相應的責任。也許，我們的確因為孩子而付出了很多，甚至做出了犧牲，但是，這也是我們的選擇，不是孩子「逼迫」我們做出的選擇。所以，我們也應承擔相應的責任，而不能將其算到孩子頭上，認為是自己為了孩子而做出的犧牲和奉獻，因此，孩子就應該承擔另外的一些壓力或者道德、責任的壓力，或者認為孩子應該成為自己紓解壓力的出口（孩子應該成為自己不順心時的「出氣筒」）。

所以，做父母的，要有自己健康的親密關係和社會支持體系，當自己承受太多壓力需要紓解時，我們可以尋找更多、更好、更健康、更有效、更積極、更具建設性的方式和途徑。

我們可以培養一些有益身心的休閒方式，比如：釣魚、琴棋書畫、刺繡、手工、木工等，各種陶冶性情、有益身心健康、能夠結交朋友的方式都可以嘗試。

2. 積極尋找家族、親友的支持和幫助

生活原本不易，離異、單親的生活更是充滿各種挑戰和具體的困難。我們都不是超人，我們都有自己的極限。當我們無法獨立承擔時，尋找家族、親友的支持和幫助並不可恥，也不丟人。能夠看清自己的極限，能夠承認自己的局限與不足，才是真正的勇敢。

也許，離異會讓我們覺得自尊受損，覺得自己是「失敗

者」，甚至覺得自己是「不完整的人」，沒有「完整的人生」。但是，古語有云：人有悲歡離合，月有陰晴圓缺，此事古難全。不要被一些錯誤的觀念影響和左右自己的行為，使自己獲得幫助的機會丟失，使自己陷於困境而無法自拔。

當我們真的應接不暇，需要幫助時，勇敢地向家族、親友表達自己的需求。

3. 必要時，尋求專業的心理服務

當身邊的親戚朋友等社會支持系統都被調動、使用之後，仍沒有解決自己的問題，那我們可以嘗試透過尋求專業的心理服務的方式來幫助自己。任何時候，都不要放棄自己，不要放棄對自己的幫助。

【給孩子的建議】

1. 離婚不是父母的錯，也不是我們的，但是需要我們和父母一起面對

當父母的婚姻出現困難，如果他們真的覺得分開會是比較好的選擇，我們不要為此而責怪父母使我們失去了完整的家庭，使我們丟臉；也不要歸咎於自己，認為如果我們做點什麼

或者做得更好，父母就不會離婚。

婚姻也許不在了，但是父母永遠是自己的血親，這是不會改變的。家庭也許會轉變一種形式，但是，我們一樣可以健康地成長，與我們身邊的任何人一樣。

當然，生活發生了改變，這是不容否認的事，那我們就和父母一起面對新的生活方式。

人生總是充滿各種挑戰和奇遇。面對各種未知，我們可以選擇拒絕、恐懼、徬徨，我們也可選擇勇敢地面對。

誰知道那扇新開啟的門背後會是怎樣的新世界？

2. 建立自己的支持體系，強健自己，給予父母支持

家庭成員之間就是一種密切的情感關係，我們相互幫助、支撐，當然，也會有相互的拉扯和矛盾。我們來自家庭，在家庭中獲得力量，在家庭中成長，但我們也會走出家庭。有時候，我們也需要在家庭之外建立自己的支持體系，也許是事業，也許是某種興趣愛好，也許是某些家庭成員之外的人，也許是某種理想信念，都可以，只要能為我們提供支持、力量，可以使我們在苦難面前不至於一蹶不振的都行。

而且，只有當房屋不只一個立柱可以提供支撐時，房屋才會更加牢固。我們的家庭也是，只有當每一個成員都可以為家

庭提供支持時，我們的家庭才能源源不斷地為我們每一個家庭成員提供力量、支持。

不要因為我們是孩子，就覺得我們沒有力量做家人的後盾。我們每一個人都是一個小宇宙，每一個家庭成員都可以幫助彼此、成為彼此的依靠。

第十章　是「妖怪」還是「貴族」
—— 有生理缺陷的孩子

H 是個白化症患者。

他是因為和最好的朋友之間發生矛盾衝突，而過來的。

坐在輔導室裡的他，在陽光下，渾身雪白 —— 皮膚、毛髮，甚至連睫毛和眉毛都是白的，給人一種「神祕」、「高貴」、「柔弱」、「需要保護」的感覺。

可是，他的眼睛卻是粉紅色的，瞳孔還發紅，這還真的有些讓人心生恐懼，不敢直視、不敢久視。

也許，是他身上的這種「神祕」、「高貴」和「令人心生恐懼」的混合氣質，讓人不由自主地想將視線轉開。

他問，因為眼睛畏光，能不能戴著墨鏡和我說話。

我同意後，他戴上了墨鏡。那是一副品質很好的墨鏡。

眼前這個「渾身雪白」、「戴著墨鏡」的「來訪者」……

這還真是絕無僅有的經驗。

「老師，您怕我嗎？」他透過墨鏡注視著我 —— 我猜他是在注視我，因為墨鏡阻止我看到他的視線落在何處。

還真是第一次有來訪的學生問我「我害不害怕他」。

不過，怎麼回答呢？

講真的，我內心很複雜：

因為第一次有這樣「不同尋常」的來訪學生，我的體驗和感受也是新鮮的；對於他為什麼而來，在他身上究竟發生了什麼故事，我是好奇的……

「你好奇自己給別人的印象，你擔心別人害怕你嗎？」

他聽完我的「回覆」，似乎鬆了一口氣，向後仰靠過去，開始把自己的手攤開，翻過去掉過來地看，好像要從手上找到答案一樣。

長久的沉默。

過了很久，他突然把手伸過來，伸到我面前：「老師，您看看我的手。」他望著我，我也望著他，「老師，您可以摸摸我嗎？」

一般，在輔導關係裡，我們是會避免跟來訪者有身體接觸的。

可是，他為什麼要我摸他呢？

—— 需要確認，我是接納他的？

—— 需要確認，我並不害怕他？

—— 需要確認，我會將他視作跟我一樣的人？

……

一切都是我的猜測，他怎麼想的，只有問他。

「你需要我觸控你，這對於你而言，有什麼特別的含義嗎？」

他收回手：「老師，您是怕我嗎？」

「你很擔心，別人會拒絕你嗎？」

他又把手伸過來，固執地伸到我面前，我可以很明確地感受到他在注視著我。

「如果，我沒有同意，你會怎麼想？」

「總之您還是不肯摸我。」他收回手，低下頭。

「那麼，如果我同意了，這對你而言，又意味著什麼呢？」

「自然會不一樣。」

「您能具體說說嗎？」

他抬起頭，明顯是在看著我。

H 一出生就是明顯的白化症患者，一家人帶著欣喜和悲哀，迎接他的出生。

從記事起，H 就能感受到自己與周圍的小朋友不一樣。小朋友們會被他們的家長拉著離他遠遠的。

他問父母，「為什麼昨天還跟我玩得很好的小朋友，今天就不理我了」。媽媽就會哭泣，爸爸就會悶聲不響。

後來，H 不止一次聽到父母關上房門在裡面爭吵。

H 就靜靜地站在門口，側耳細聽他們在吵什麼。

每次，父母開啟門，就會像沒事人一樣。

後來有段時間，父母臉上有了久違的笑容。吃飯的時候，爸爸還常常夾菜給媽媽。兩個人都很高興。

H 也情不自禁地高興，為父母的和睦，為他們臉上的笑容……

H聽說，家裡很快就會有個小弟弟或者小妹妹了。H雖然有點不高興，但是，看到爸爸媽媽都很高興，H也就努力讓自己高興起來，因為，爸爸媽媽好久都沒有笑容了……

媽媽外出了一段時間。過了好久，媽媽終於回來了，可是她消瘦了很多，也沒有帶回「傳說」中的弟弟或者妹妹。

H很高興，因為自己仍然是爸爸媽媽唯一的孩子，他們不會將愛分給其他人，雖然那是自己的弟弟或者妹妹。

可是，媽媽的臉上再也沒了笑容。

家裡的氣氛，陰沉到極點。

後來，爸爸就沒有再回過家。

那時，小小的H不知道發生了什麼。只覺得家裡就像沒有光一樣，只有大人的影子，拉得很長，在家裡晃動、撕扯……最後，大人的影子都不見了，只剩下自己，團著身子，抱著膝，坐在牆角……

後來，H就跟著外婆生活。

有時候，H問外婆，爸爸媽媽什麼時候來看自己？

外婆就會說：很快啦，等你上小學，爸爸媽媽就來看你了。

後來，H上小學了，盼望著爸爸媽媽來看自己。外婆就說：快啦，你考到好成績，爸爸媽媽就來看你了。

過了一個個春秋，H漸漸地不再問外婆「爸爸媽媽什麼時候來看我」了。在H心裡已經有了答案 —— 爸爸媽媽再也不會來看自己了，他們不要自己了。

夏天，在院子裡乘涼時，外婆會一邊為H搖扇，一邊講一些故事。有一次外婆講了一個外國故事：

從前，有個公主，生得很漂亮，國王和王后都捨不得她遠嫁，就將公主嫁給了自己的姪兒、公主的堂兄 —— 王國的公爵。公主和公爵很幸福，公主後來生了個兒子，血統非常高貴，可惜的是，孩子一生下來就是渾身雪白，連頭髮和睫毛都是雪白的……

講這個故事的時候，外婆很溫柔地撫摸著H頭上的白髮，將它們按照原本的紋路梳理得很整齊，讓H看起來很漂亮。

H就溫順地伏在外婆膝頭，想著自己的心事。

從小，H就獨自一人上學放學。沒有人願意跟他一路，他也不在意。

誰稀罕？

有時候，會有小孩子躲在街角，看他經過，就尖叫著一鬨而散，弄得他待在原地半天；有時候，會有膽大的小孩子朝他扔石頭，大叫「妖怪」。有時，H會張牙舞爪地去追趕那些小孩子；有時，H會撿起地上的石頭擲回去……一切都看H當天的心情。

在班上，H因為視力有問題，坐在前排。有時候，他的椅子上會被塗上墨水，會被弄得一身墨跡；有時候，會被莫名其妙的廢紙團砸中……

老師在班上講過幾次，同學間要相互友愛，讓大家不要欺負身心障礙者……

「身心障礙者？哼！身心障礙者！」

後來，讀國中了，到了新的學校，剛開始，還是有人會欺負H。後來，慢慢地不知為什麼，就沒人欺負他了。H還以為是因為大家漸漸失去了對他的興趣。可是有一次，在他回家的路上，他偶然看到同班的Z和幾個男生打成一團。他原本想視而不見從旁經過的，可是突然聽到其中一個男生大叫：「Z，你算了吧！別人根本不知道你在為他打架。你是不是喜歡他？」話還沒說完，那個男生就被Z死命地壓在地上，嘴貼地，說不出話來。其他男生就在周圍死命地踢Z。

H什麼都明白了。

他愣了一會兒。從旁邊的垃圾桶裡抽出一根日光燈管，掄圓了就朝一個正好背對自己的男生頭上砸去……

此後，H就和Z形影不離，不管別人怎麼傳他們是什麼關係。

和Z在一起，他們很少說什麼，也從沒有談到H的白化症。

「就像老夫老妻一樣。我們很默契，沒有廢話。」

H和Z一起讀書，一起上了高中。

後來，Z有了女朋友。

H就覺得怪怪的，三個人一起，十分彆扭。

Z的女朋友好像很不能接受H的白化症，經常露出「害怕」、「嫌棄」的神情。

Z夾在中間，有時候，好像「無感」，有時候，又好像「很為難」。

H很難過。

考慮了很久，H和Z莫名其妙地吵了一架，然後分開了。

可是，H心裡非常難受。

他恨自己的白化症，使自己被父母嫌棄，使自己被父母拋棄；他恨父母，自己的白化症是他們遺傳給自己的，他們卻拋棄了自己，他們是世界上最無情、最可惡、最壞的人；他恨一切欺負過他的人；他恨大眾的愚昧，對白化症的無知和恐懼；他恨Z的女朋友，是她奪走了Z，自己唯一的朋友……

他恨自己，像個妖怪，渾身都是白的，怕光，視力不好……就像西方的吸血鬼！

H在網路上搜尋各種關於白化症的資料，進而研究吸血鬼、狼人等傳說中的怪異生物，並看了很多相關的影視作品、文學作品。

慢慢地，H覺得自己是「高貴的」，是身邊那些平庸的凡夫俗子根本無法理解的存在……

可是，H 心裡還是很在意 Z，一直在默默關注 Z 的一切，關注 Z 和他女朋友的分分合合……當看到 Z 的女朋友「花式鬧脾氣」折騰 Z 時，H 又氣又急，憤怒占據他的整個心靈。可是，自己又算什麼呢？

H 只能默默走開……

H 面對的是幾重問題：

其一，自己的疾病 —— 白化症，無藥可治，還會遺傳。不僅影響著 H 自身目前的健康、學習、生活，還會給他的未來生活埋下很多隱憂，包括接受教育、就業、婚姻、生育等。

其二，父母的拋棄（重要人和關係的喪失） —— 白化症，是來自父母的基因，可是 H 卻成了「代罪羔羊」，承擔一切，這對 H 是很不公平的。父母的拋棄是從根本上質疑 H 存在於這個世界的合理性。

其三，父母的婚姻破裂 —— 雖然這本是父母之間的事，但是正是由於父母的基因注定會生出白化症的後代，或者至少是白化症基因帶原者，導致父母的婚姻解體。好像 H 的存在隨時在提醒父母 —— 他們自身的基因是有缺陷的。因此，無法接受這些的父母不僅離了婚，還將 H 送給外婆撫養，並且從不去探望，好像無視 H 的存在，就能掩蓋、抹去他們基因存在缺陷的事實一樣。H 不僅認為自己是不被接受的「存在」，而且是父母婚姻解體的根源，內心充滿無法言說的混亂情感：內疚、自責、憤怒、委屈……

其四，整個世界的不友善——對白化症人的歧視、羞辱、傷害。

其五，青春期的自我同一性問題——我是誰？我存在的意義是什麼？我的價值是什麼？有人愛我嗎？很明顯，H在這些問題上沒有得到具有建設性的答案，不會對自己有好的評價和期許。這些都使原本就「混亂」、「躁動」的青春期更加危機重重，使H的青春顯得更加疼痛，成長更加艱難。

其六，友情的喪失——對H而言，生命中最重要的人和關係就是外婆和Z。原本能給予H青春期重要情感支持的Z卻開始談戀愛，建立了他自己的親密關係。而這種戀愛關係的排他性，使得H感到很尷尬和嫉妒。H的「決裂」既是一種「放手」，又是一種「試探」——Z會像自己的父母那樣輕易拋棄自己嗎？而Z的表現明顯不符合H的期許，又一次令H失望，造成H再一次的「重大喪失」和「創傷」。

此時能給予H的幫助，就是逐漸幫助他重新確立自己的價值感，尋找生活的意義。面對這樣一個傷痕累累的孩子，這是一個艱苦而漫長的歷程。

【給家長的建議】

1. 基於對自己、對後代負責的態度，謹慎婚育

有些會遺傳給後代的疾病，不僅會使後代的生存及生活品質大受影響，也會給自己和家庭帶來極大的困難和壓力。

建議認真做婚前體檢、孕前體檢，盡量排除可能會給婚姻、家庭和後代造成艱難處境的一切因素。

2. 承擔自己的責任

如果無法避免地出現了艱難的狀況，要勇敢地面對和承擔屬於自己的責任。比如案例中的 H 已經出生，他是無辜的，做父母的不能因為怕面對、怯懦，就將他拋棄。孩子可以被拋棄，自己身上的基因能夠被拋掉嗎？

做父母的應該積極尋找一切資源幫助自己和孩子，給孩子營造良好的生活環境，就像電影《奇蹟男孩》中的家長一樣，不僅給孩子生活上的保障，也要努力幫助孩子建立積極樂觀的人生態度。

孩子因我們而來，如果孩子身上真的發生了什麼，那我們作為「出版方」，不應該負責到底嗎？

3. 為孩子營造寬容的社會環境

無論自己的孩子是不是「少數派」—— 身障、疾病、品行問題、心理問題、學業問題等，做家長的都應該有一顆「老吾老以及人之老，幼吾幼以及人之幼」的「仁慈之心」，友善地對待有問題、有困難、需要幫助和支持的人。

在寬容、仁慈、友愛的環境裡長大的孩子，會對這世上的一切人都好，其中也包括他的父母；相反，在自私、狹隘、愚昧的環境裡長大的孩子，不會愛任何人，也包括他的父母。

【給孩子的建議】

1. 不懼苦難

我們不歌頌苦難，但是，如果苦難降臨，我們也不懼怕。

這世界並不是美好如同童話的，生活也充滿艱難和坎坷。那麼，在這樣的世間，我們如何自處才能夠讓生活更容易一些呢？

有個故事講的是：一個人很不幸，掉下了山崖，在墜落的過程中，他被一棵長在山腰的大樹的一根樹枝掛住了。正當他稍稍舒一口氣，覺得自己得救時，突然看見一條巨蛇正沿著樹枝朝他爬過來。身下就是萬丈懸崖，樹枝上有一條要吃了自己的巨蛇，正當他萬分焦急，覺得必死無疑之時，他慌亂中四顧，看見樹枝的盡頭有個破損的蜂巢，破損處正流淌著蜜汁。於是，他努力爬到樹枝盡頭，用舌頭舔食蜜汁……

這個故事告訴我們：人生處處都有危險，但同時也會有時不時的小驚喜。如果總看到危險和苦難，那就會活得苦不堪言；如果抓住片刻的歡愉，活在當下，珍惜此刻的幸福，人生也會有星星點點的燦爛。而這星星點點的燦爛，正像夜空中的繁星，它可以給我們指明方向，也能令我們思考、反省，賦予我們人生真正的意義。

2. 積極建構人生的意義

著名的奧地利心理學家弗蘭克曾說過：生命在任何條件下都有意義，即便是在最為惡劣的情形下。一些不可控的力量可能會拿走你很多東西，但唯一無法剝奪的是你自由選擇如何應對不同環境的權利。你無法控制生命中會發生什麼，但你可以控制面對這些事情時自己的情緒與行動。

所以，我們既然出生，來到這個世界，冥冥中就一定有一些事要發生，我們的存在就是有意義的。

未曾經歷，又怎麼知道後面會有什麼奇蹟呢？

第十一章　有人愛我嗎
—— 得不到關愛的孩子

J是個相貌一般的國二女生，發育得不錯，小眼睛，單眼皮，瀏海剪成小扇形。校服穿在身上鬆鬆垮垮的，更顯得她有點胖，邋遢，不整潔。

班導師要求為J做心理輔導，因為她總是給班導師惹麻煩。

班導師說：「約談了無數次，沒用；找家長無數次，也沒用。她的家長也是個不成才的，我還能指望什麼？反正，成績上我是不抱希望了，只要她現在不給我找麻煩就好了。」

班導師一臉無奈。看著這個30多歲，正是年富力強、黃金時期的班導師被折磨成這副樣子，這個孩子會是什麼樣呢？

看著眼前這個孩子，她是怎麼給班導師找麻煩的呢？

「老師，您是不是教心理的哦？」她倒很大方地首先開口了。

「是的。」

「您教些什麼呢？」一雙小眼睛認真地望著我，手裡擺弄著一枝筆。

「妳覺得心理健康會教些什麼？」我想看看她心裡是如何建構對「心理健康」的理解。

「是不是怎麼猜別人心裡在想什麼？」

「還有嗎？」我忍住笑，這是大眾對心理學的普遍誤解。

「不曉得了。」她一邊說著，一邊在紙上很認真地寫著字。

寫出的字是紅色的。

「我看到妳在寫字。」

「嗯。」她輕輕地應著，繼續寫。

「能告訴我，妳在寫什麼嗎？」

「沒什麼。」她繼續寫，頭也不抬，甚至眼皮都沒抬一下。

我沉默。

過了一會兒。

她抬頭望了我一眼，又垂下眼皮：「您說話呀，您怎麼不說了？」繼續寫。

我繼續沉默，並饒有興趣地注視著她。

她終於停下筆，看著我。

「您說呀。」

「我想我們需要澄清一些事情。」

接著，我跟她講了心理輔導是怎麼回事，我的主要工作方式是怎樣的，她需要遵守的部分和我會遵守的部分。

她很認真地聽著。

「老師，在這裡，我什麼都可以說，是嗎？」她聽完我的心理教育，想了一會兒，開口問，雙眼看著我。

「是的。在這裡，妳可以說任何妳想說的話。」

「您會跟班導說嗎？」

「不會。除非妳說的事會對妳自己或者別人造成傷害，比如：妳要自殺。」

她滿含深意地看了我一眼，笑了一下。

往後，她每次都會提前來到輔導室，也往往會在輔導時間就要結束時丟擲一個重要的話題。我知道，這是她在試探輔導的設定和邊界。

「老師，我暑假裡參加了一個國學班的學習。」這次輔導，她一來就開始這個話題。

我點點頭。

她繼續說：

「有一天下著很大的雨，我不知道為什麼，就跑到雨地裡。淋著。

整整站了幾個小時，就我一個人。

後來，我回到寢室，不知道為什麼，桌上的玻璃就碎了，也沒有人動過，就那麼碎了，我不知道為什麼，就拿起碎玻璃，然後，就把自己割傷了，弄得到處都是血。

後來，我到廁所去洗，保潔阿姨看到到處都是血，都嚇得趕快跑走了。

—— 這些行為的確會給身邊的人帶來很大的困擾吧。」

在持續的輔導中，J慢慢展現她的生活歷程：

J出生時父母只有十幾歲，都還是孩子。

從J有記憶開始，就記得父母在吵架。

後來，J兩歲多的時候，父母「離婚」了。

J記憶中最深刻的印象是，父母抱著她去趕市集，不知為什麼，在回家的路上，父母在街邊就吵得不可開交，母親把她往街邊地上一「戳」，轉身就走了。後來還是奶奶找過來，把自己抱回家的。

後來，媽媽再婚，嫁給一個開店的，剛開始繼父的爸爸媽媽也不喜歡J的媽媽，經常讓她走（逼J媽媽離開），後來生了妹妹才好一些。

J常常在週末去繼父的店裡幫忙，做做家事，帶帶妹妹。

媽媽常常罵J，說J懶，還經常打J，劈頭蓋臉地打。才幾歲的妹妹都學會了那種打法，妹妹還會打給店裡的員工看（示範媽媽是如何打J的）。

媽媽和繼父也常常吵架。有一次，媽媽和繼父又吵起來了，媽媽跑過來說，繼父要殺她。媽媽帶J躲進一個房間，鎖上門，讓J打電話報警。繼父就在門外死命地踢門，好像要把門踢破，闖進來殺人一樣。

J嚇得蹲在角落裡直哭，媽媽一個勁兒地罵J：「死人！還不打電話！」又跟門外拚命踢門的繼父對罵。

J不敢打電話，只會哭。媽媽又過來打她。

……

父母離婚，是爸爸堅持要J的撫養權的，雖然爸爸在所有人眼中都是個沒出息的人。

爸爸沒有穩定的工作，經常在外面不知道做什麼，經常回家向奶奶要錢。

說起爸爸，奶奶就唉聲嘆氣。

J覺得自己成績不好，想讀完中學就不讀書了，也沒有什麼具體的打算，就是覺得讀書沒意思，自己成績也不好，一定是考不上好大學的。學校裡，老師也不喜歡自己，同學也不喜歡自己，待在學校也沒什麼意思。

從上國中起，J談過幾次戀愛，時間不長，都分手了。

最短的只有7天——那還是一個假期，放假前說開始談戀愛，假期結束之前，對方就跟她說「我們分手吧」，這段期間，由於是假期，他們都沒有見過面。

都不知道為什麼。

還有人會莫名其妙地加J的LINE，然後問東問西的，有的就直接說要和J交往。

J下課就會和好朋友去別人的班上看。也沒什麼具體的目的，就是喜歡去別人的班級「張望」。在別的班導看來就是「不務正業」——別班的班導很不喜歡這樣，會跟J的班導提意見，這也給J的班導帶來很大的壓力。

J分手了就會在班上大哭，根本不管周圍的情況，是上課還是下課，這嚴重影響班級秩序，又給班導帶來很大的困擾。

J喜歡下課到老師的辦公室，跟老師說話。

很多時候，他們都不理J。有時候還會當著J的面說很難聽的話，因為J經常有事無事到教師辦公室，干擾教師課間休息和辦公。這又給班導造成很大的壓力。

班導師為此經常叫J爸爸到學校來交換意見，J爸爸也慢慢地覺得很頭痛，就讓J乖點，不要給他惹麻煩。

……

在輔導中，J傾訴道：

「為什麼爸爸媽媽不能像別人家一樣，有話好好說，動不動就大吵大鬧？

特別是我媽，為什麼動不動就打我？

不管是不是跟我有關，都會打我罵我。

有一次，我妹妹病了，我媽開車送妹妹去看病，結果路上警察臨檢，我媽忘了帶駕照和身分證，就被警察說了一頓。她就罵我『掃把星』。

關我什麼事？

就會罵我，拿我出氣，她自己沒有帶駕照、身分證，關我什麼事？

為什麼我媽總是罵我打我？她是我親媽嗎？人家的媽媽對自己的孩子都非常的親，愛都愛不過來，怎麼會捨得打罵？為什麼她就不是那樣的媽媽？

為什麼我爸爸不能找份工作踏踏實實地做。我爸爸原來是有正式工作的，可是他不曉得為什麼就不做了，跑出去東一下西一下的，不知道在做什麼。

為什麼那些男生那麼奇怪，剛開始說得好好的，『永遠不分手』，過幾天就要分手，又不給個理由。

我下課去別班看，也沒什麼呀，就是看看嘛。有些男生長得很好看，就看看啦。聽說誰跟誰談戀愛啦，就去看看長什麼樣啦。

好奇嘛。

失戀了，不能哭嗎？我傷心呀！我為自己分手、為自己失戀哭一下都不行嗎？

那些老師真是奇怪，下課去跟他們說說話怎麼啦？用得著那麼不待見我嗎？不喜歡，我不去就是啦，誰稀罕。」

J的人生是支離破碎的。

首先，因為父母十幾歲就結婚了，這樣的婚姻基礎非常不穩固：人不夠成熟、受教育程度不高、無法找到高收入的工作、沒有經濟基礎，勢必為婚後的生活埋下隱患。

其次，由於父親沒有養家餬口的能力，母親的情緒管理能力和處理親密關係的能力明顯存在問題，父母婚後的生活總是波折不斷，爭吵不斷。

再次，從小到大，甚至離婚後，母親繼續在身體上和情感上虐待J。並且，父母重新組建自己的家庭，又相繼生育子女。這些都讓J感到沒有屬於自己的家，自己是不被喜歡、不被愛的。

出生在一個結構不穩定的家庭，父母感情不和，常常爭吵，本身就足以對孩子的身心健康造成威脅。

母親的長期虐待會給孩子造成難以修復的精神傷害，會嚴重地威脅孩子健康人格的形成。

由於在原生家庭裡得不到足夠的關心和愛護，J勢必會向外尋找情感的滿足。

隨著青春期的到來，J開始對異性感到好奇，希望透過談戀愛來獲得情感的滿足。

而J早年的經驗根本不足以應付青春期懵懂的愛戀，由於缺乏母親的教導和正確的示範，J根本不會處理情感問題，所以，她數次的戀愛都以失敗告終。

這又會增加J的挫敗感，將失敗的情感經歷歸結於「自己不可愛」、「永遠都不會有人真心愛自己」。但越是這樣，只要一有人對她表示善意，她就會將之解讀為「戀愛」的訊號，就會奮不顧身地撲上去。這就形成周而復始的惡性循環。

另外，父母給予孩子的情感關注是孩子理解別人情感的基礎。明顯地，無論是母親還是父親，都沒有給予 J 情感的關注，J 從小就生活在情感的沙漠裡。所以，她不能理解別人的情感，甚至都不能觀察到自己的需求，不能理解自己的情緒。

所以，這樣的 J 將會有異常坎坷的人生道路要走。

【給家長的建議】

1. 等自己長大成人，成熟到有能力承擔相應的責任，再嘗試婚姻、家庭

想要處理好婚姻、家庭問題，就需要生理、心理的成熟和社會經驗的豐富。

婚姻，雖不是愛情的墳墓，但婚姻的確需要物質的基礎、成熟的生理和健全的人格，還要有一定的社會經驗。

案例中 J 的父母十幾歲就結婚了，雙方最多完成了高中教育，更可能的情況是國中畢業就沒有讀書了。受教育程度限制了他們的就業和收入。他們心智尚未成熟，遇事容易衝動，更沒有良好的經濟基礎。這也注定「貧賤夫妻百事哀」。俗話說：「窮爭惡吵。」這一切的一切似乎都在暗示，他們的婚姻沒有堅實的基礎，是建築在沙灘上的城堡。

所以，人生一世，雖只有幾十年光陰，但是如果沒有做好

準備，草率嘗試婚姻，注定會嘗到青澀的苦味，而不會是成熟的甘甜。

2. 等自己做好充分準備，再為人父母

生兒育女不是簡單的事，它不是「添人添筷子」那麼簡單，也不是一次歡愉之後的自然結果。

我們既然將孩子帶到這個世界，就應該對他負責，要在他還無法自保的時候給予他保護，並努力培養他自我保護的能力。

孩子是一個人，他就應該享有基本的人權，包括生存權、健康權、教育權、獲得更好的生活機會的權利。這些都需要做父母的給予他基本的保障和強大的支持。

所以，當我們做好準備，等我們身體健康、心理成熟、心智健全，具有一定社會經驗，擁有一定物質保障時，我們再考慮生養後代，既是對他負責，也是對自己的後半生負責。否則，如果孩子過得艱難，你的後半生也不得安生。

3. 解決自己的問題，不給身邊的親人造成困擾

有個說法：如果你跟一個人有矛盾，可能雙方都有問題；如果你跟很多人都有矛盾，那可能問題更多的是出在你身上。

如果我們自己無法適應社會的需要，不能找到安身立命的

工作，無法和別人建立良好的親密關係，可能我們需要從自己身上找到問題，並著手解決。

當然，將問題歸咎於別人是最簡單的方法，特別是歸咎於比我們弱小的對象。或者將自己的一切不如意、壓力、不良情緒都轉嫁給別人，特別是比我們弱小的對象，比如我們的孩子，都是最簡單、最便捷的方式。但是這無法從根本上解決問題，更可能對無辜的人造成傷害，特別是我們弱小的孩子，那傷害可能會是永久性的，並且可能會代際傳遞。

所以，處理好自己的問題，可以找專業人士給予我們專業的幫助，比如心理諮商、就業輔導、就業培訓等。

【給孩子的建議】

1. 世界並不美好，接納世界給我們的，改變我們可以改變的

世界並不美好，雖然最後「灰姑娘與王子幸福地生活在一起，直到永遠」，但是在此之前，灰姑娘經歷了很多艱難坎坷——繼母的虐待、姐姐們的羞辱，王子為了找到心愛的女孩，也動用了很多資源，付出了巨大努力。

所以，沒有必然的、輕而易舉得到的幸福會等著你。

況且，我們的父母都沒有經過「父母職業資格培訓」，他們都不是「持證上位」。他們給我們的大部分是基於他們的本能。

如果我們的父母原本就是「受傷的人」，他們又怎麼能給我們更好的愛和保護呢？他們還需要時間和精力來照顧他們自己。即便他們是健康的、有能力的父母，他們也需要時間來處理他們自己的事務和壓力，需要空間來面對他們自己的限制和不足。

所以，不要強求完美的父母，接受生命的安排——接納我們不能改變的，改變我們有能力改變的，並學習分辨這兩者。

2. 迎著陽光，陰影就在我們身後

這個世界，有陽光就有黑暗，有善就有惡，任何事物都有與之相對應的另一面。

也許我們可以換個角度去思考：我們的父母正承受著的一切不幸，如果我們能看到他們身上發生的一切，我們就有機會去改變——我們覺察到父母對我們不夠好的地方，我們就努力避免相同的事情發生在我們自己的孩子身上；我們還可以幫助父母覺察到他們身上究竟在發生什麼，幫助他們從不幸中得到解脫；我們還可以將這一切視為會發生在人類身上的不幸，去研究是什麼導致的，如何去避免，使更多的人從中獲益……

如果我們總看著身後的黑暗，就永遠無法看到眼前的陽光。

所以，苦難可能會壓垮一個人，也可能會成就一個人，就看這個人怎麼看待苦難為何會降臨到自己身上。

3. 尋找專業的幫助

我們還是孩子，我們沒有經驗、無法辨識，也沒有相應的能力來幫助自己，那就尋找專業的人員來幫助自己。

成績不理想，我們知道找老師、同學；生病了，我們知道找醫生，為什麼遇到了自己無法解釋、無法理解的事，經歷痛苦的打擊之時，我們卻忘記了可以找諮商師來幫助我們呢？

說出自己的痛苦，展現自己的軟弱，並不可恥，反而是一種勇敢和愛自己的表現。

所以，孩子們，記得尋求專業的幫助。

第十二章　18 歲，與母同眠
—— 與母親相依爲命的孩子

L是高三的學生，長得高大健碩，看起來像是體育生的樣子。

他來輔導是因為高三了，面臨學測，而女朋友卻和自己鬧矛盾，搞得自己心緒不寧，無法專心複習。

每次輔導時間，他都會提前來，等著輔導時間的到來。

在等候的時間，他會四處走動，拿起沙具看看，或者拿起書架上的書籍翻翻。

每次輔導，他都會帶來新的議題，不斷補充他自己的成長資訊，不斷更新我對他的認知。

我發現自己真的開始喜歡這個男孩，他有那麼多吸引人的經歷……可是，同時，我又感覺到一些不那麼確定的東西，讓我不斷地懷疑，他一定隱藏了什麼，而這些隱藏的東西同樣具有吸引力，甚至比他講述出來的故事更有吸引力。

是什麼呢？

我靜靜地等候。

一天，他在我面前坐定，久久沒有開口，眼睛注視著牆上的時鐘，像是在醞釀，又像是在等候某一時刻。

我也靜靜地等候著，也隨著他的目光看向牆上的時鐘。

牆上的鐘，秒針慢慢滑動，毫無聲息。但在我心裡，卻像聽到心臟跳動的巨大聲響般，能感受到氣氛越來越緊張。

當時針指定十點時，他終於撥出一口氣，然後看向我，眼中有沉穩、破釜沉舟的堅決和某種熱切。

「老師，我想問您，要是我說出一些讓您意外的事，您會對我有不好的看法嗎？」

「終於要來了嗎？」我心裡這樣想，臉上卻不動聲色，「你不妨說出來看看。」

他兩眼不斷掃視我的雙眼，想確定我的心意，然後將頭扭開，看著牆角，用手捂著嘴，隨後又將頭埋進雙手，最後像下定決心似的，一下抬起頭，望向我。

「老師，我昨天晚上跟我媽媽一起睡的覺。」他努力控制自己的聲音，但是，我仍能聽出他嗓子發乾，聲音有種撕裂的沙啞。

「我什麼都沒做，我就只是和她躺在一起而已。」沒等我說話，他急忙解釋，眼神中有某種慌亂。

「我們有對方的FB，我半夜看到她還在發文，我就在FB上問她，怎麼還沒睡？她說她睡不著，問我睡了沒有。我說沒有，她就讓我過去和她一起睡。」他很快地述說昨晚到底發生了什麼，眼睛不時地注視我的表情。

「我小時候，經常靠著她睡。我喜歡把頭放在她的肚子上，聽她肚子裡發出的各種聲音，我就會很快睡著。後來，她和爸爸離婚了。她又交往了男朋友，也帶回家住過。」他的聲音漸漸飄渺起來，像是開始回憶，像是進入某種迷失的狀態。

L 的媽媽和 L 的爸爸是國小同學，兩個人讀同所國中。兩人都沒上高中，L 的爸爸開始做生意，媽媽就跟他一起打拚。從擺地攤開始，兩個人吃苦受累、精打細算，慢慢把生意漸漸做大，後來就開起了公司。

兩人結了婚，日子越過越好。後來，L 出生了，爸爸很高興，覺得自己奮鬥這麼久創造的一切有繼承人了，開了 100 桌，大宴賓客，把所有親戚朋友、生意夥伴都請來。

可是，後來不知何時開始，媽媽漸漸察覺爸爸好像在吸毒。

媽媽瘋了一樣，剛開始苦口婆心地勸，沒用，爸爸說自己能控制，不會上癮。後來媽媽見到他吸毒，就摔東西，就砸東西，還是不能阻止他吸毒。而且，好像他的毒癮越來越大，對公司的事越來越不上心。媽媽不放心公司，就帶著保母、抱著襁褓中的 L 到公司看著。

可是，有一天，電影情節一樣的事還是發生了，一夥人衝進公司，見東西就砸，大聲吆喝著讓爸爸還錢。媽媽把保母和 L 藏進辦公室的隔間，自己出面應對。

原來爸爸為了吸毒，已經把公司的流動資金挪用，又把公司不動產抵押給了銀行，還在外面欠下高利貸。難怪已經有半個月沒見人影了，原來他早就跑路了。

面對這一切，媽媽只能一個人去應對。

後來，公司倒閉，媽媽承擔了爸爸所有的欠債。隨後爸爸也被抓進監獄。

爸爸關在監獄裡，媽媽去探監，爸爸淚流滿面，哭著請媽媽原諒他，說他不是好丈夫、不是好爸爸。

每次，媽媽都默默地流淚。

L 從小就沒有跟爸爸一起生活過，別人問他爸爸的事，媽媽就跟他說：爸爸去外國做生意了，要很久才會回來。

等到和媽媽一起探監，他才知道原來自己的爸爸是罪犯。

聽媽媽講述了所有的事，L 受到很大的衝擊，也決心不再讓媽媽傷心。

L 就和媽媽相依為命。媽媽為了還債什麼工作都做過，只要賺錢多，媽媽還考了註冊會計師，經常為別人做帳，加班到很晚，也常常出差。

L 從小就很聽話，自己一個人生活，脖子上掛著家門鑰匙，也可以照顧好自己，不讓媽媽操心。

L 非常佩服自己的媽媽。

L 覺得自己的媽媽是最偉大、最堅強的女性，能解決生活帶給她的任何難題。

L 就盼著爸爸早日刑滿釋放，一家人能夠團聚。

L 上國中的時候，有一天，媽媽失魂落魄地回到家，對 L 說：爸爸在監獄裡死了。

L 頓時就傻了。昏天黑地地跟著媽媽去處理爸爸的喪事，處理完爸爸的喪事後昏天黑地地回到家，一頭就栽在床上。

哭完之後，L 暗下決心，一定要好好保護媽媽，照顧媽媽，擔負起爸爸沒有擔負的責任。

從那以後，L 更加獨立，把家裡收拾得整整齊齊，處理好自己的學業，還關心媽媽的生活和工作。

爸爸去世後，媽媽消沉過一段時間。L 很擔心媽媽的身體，就幫她辦了健身卡，帶她去健身，帶她去夜跑。慢慢地，媽媽從悲痛中走了出來，逐漸恢復了生機和活力，40 多歲還跟朋友們一起玩攀岩什麼的。

看到媽媽能從失去爸爸的哀痛中走出來，L 很高興。原本以為日子會這樣平靜地過下去，沒想到，有一天，媽媽跟 L 說，她新交了一個男朋友，問 L 要不要見見。

L 整個人都傻了。

他腦袋裡有千萬個想法和情緒瞬間奔湧、呼嘯，他對媽媽大喊大叫，摔門而去。

L 在外面漫無目的地走到天黑。

當天色漸漸亮起來時，L 站在最高的山頂上看著日出。看到萬丈霞光穿過雲層，太陽被托出地平線，L 很震撼，也決定接受媽媽的交往願望。

Z 叔叔的出現使媽媽快樂，L 可以明顯地感受到。

但 L 心裡是五味雜陳的：L 覺得自己應該為媽媽能夠再次

找到自己的幸福而高興，可是，這個Z叔叔卻怎麼也讓L喜歡不起來，總覺得他很猥瑣、很討厭，懷著不可告人的目的而來。

L就對Z保持禮貌和克制，雖然Z也會帶著媽媽和L外出旅行，盡量照顧他們母子，討他們歡心，可是，L還是不願意看到媽媽和Z走得很近。三人在一起時，L就會有意無意地甩臉色，無趣地掃興……

媽媽私下裡也找L開誠布公地談，問L到底是怎麼想的。

面對媽媽的坦誠，L無法說出內心那「自私」的想法和願望。

Z叔叔搬過來住。

L已經長大了，他當然知道會發生什麼，他就搬去住校。

可是，學校總要放假。

L就到外縣市打工，到電影院做實習生。在實習的時候，L勤奮、踏實、肯吃苦、為人和善，大家都喜歡他。

假期結束，L返校讀書，用自己賺的錢，沒有回家。

媽媽找到學校，L也絕口不提Z。媽媽主動說，她和Z分手了，希望L搬回家。

L既高興，又自責，還很羞愧。

回家後，似乎一切都不同了，好像都很陌生。L對自己說：是因為太長時間沒有回家，是因為媽媽重新購置了家具，重新布置了家居環境……可是，他還是不能自然地在家裡生活。

L 又搬到學校住。

住校期間，L 與室友 M 成了好朋友，L 就常和 M 以及 M 的女友 Y（Y 也是 L、M 的同班同學）一起玩。

慢慢地，L 覺得自己喜歡上了 Y，而且 L 能感到 Y 也喜歡自己。

L 慌了，他覺得自己不能做對不起兄弟的事，於是很快與另一個同班女生 F 開始談戀愛。

F 很任性，經常弄得 L 煩不勝煩，F 還會當著 Y 的面跟 L 親熱，弄得 L 和 Y 都很尷尬（這就是 L 原本來輔導的目的）。

上個月，L 要過 18 歲生日，媽媽讓他搬回家住。L 也正好被 F 弄得不勝其煩，就搬回家住了。

回家住的一個月裡，媽媽白天忙工作，晚上就在家陪 L。L 明顯感到媽媽老了。回想媽媽這些年的經歷，L 深深地感到，媽媽很不容易，媽媽應該有自己的幸福。L 和媽媽推心置腹地談了很多，感到母子的心靠得更近了，母子之間更加親密了。

L 很快樂。

直到媽媽和朋友出去騎車，不小心扭傷了腳，在家休養。L 很小心地照顧媽媽，端茶送水，服侍得無微不至。

直到昨晚，半夜看到媽媽發 FB，被媽媽叫過去和她一起睡。

天氣很熱，L 在家只穿著內褲，媽媽也穿得很單薄，蓋著涼被，受傷的腳露在被子外面。L 過去就像小時候一樣，很自然地爬上床，和媽媽躺在一起。L 側頭就看到媽媽的側臉，在床頭燈的映照下，媽媽的臉有一層聖潔的光。L 覺得媽媽很好看。

不知不覺地，L 就滑到床的中間，像小時候一樣，習慣性地將頭枕在媽媽的肚子上。聽著媽媽肚子裡傳出的各種聲音，L 覺得很安寧，很幸福。

可是，今天早上醒來，發現自己和媽媽睡在一起，L 又驚又慌。

L 與媽媽的情感是真摯又複雜的。

由於爸爸的吸毒、坐牢，L 從小就跟媽媽相依為命。原本應該是父母加孩子的三元關係，變成只有母子二人的二元關係。

在父母加孩子的三元關係裡，父母和孩子類似三角形的三個角，構成穩定的關係。

而在 L 和媽媽的這個二元關係裡，原本單純的母子關係因為只有兩個角，而非常不穩定。L 從父親的不當行為給家庭、給媽媽帶來的傷害中感受到對父親的失望，進而希望自己能夠快快成長，能夠取代父親的角色，肩負起照顧媽媽的責任，讓媽媽不再受到傷害。母子感情日漸深厚，L 逐漸產生對媽媽的

「獨占」意識。當媽媽開始談戀愛時，L 意識到自己只是「媽媽的兒子」，不可能取代父親的角色，也不能帶給媽媽只有一個男人才能帶給她的快樂，非常失落，也對那個能夠帶給媽媽快樂的 Z 心生妒忌。於是，L 決定離開。

青春期的戀愛嘗試，讓 L 體會到「愛而不得」的痛苦與無奈，也使 L 對什麼是「愛」有了更加深刻的體會和理解。

原本像重溫兒時舊夢一樣單純的「和媽媽同床」經歷，卻因為 L 內心複雜的情感經驗而帶給 L 非常大的衝擊，使 L 感受到深深的羞恥、愧疚等情緒，進而對自己產生深深的自責。

其實，這一切情感變化和情緒體驗都是順著事態發展自然產生的，並不是因為 L 道德敗壞才會產生的。

但是在其中，L 的媽媽卻有著不恰當的行為，某種程度上推動了這一切的發生。

如果 L 媽媽更有意識地注意一些事情，L 可能就不會經歷這些，體驗到糟糕的自我評價，進而自我懷疑、自我鄙視。

【給家長的建議】

1. 隨著孩子的成長，父母應該有意識地對孩子進行區別對待

孩子小的時候，似乎是無性別的。成人沒有把他們當成有性別的人加以區別對待，也沒有太注意自己在小孩子面前的身體展露是否得當。可是隨著孩子的成長，性意識也逐漸萌發，成人應該有意識地對孩子進行區別對待和相應的教育，傳遞給孩子科學的性觀念。

2. 注意與孩子保持適度的私密距離

單親家庭，尤其是由異性父母獨自撫養孩子，更要注意這一點。異性父母撫養孩子即指：孩子與家長是不同性別，具體而言就是爸爸帶女兒、媽媽帶兒子。

西方佛洛伊德的「伊底帕斯情結」理論講的是：孩子會天然地愛慕自己的異性家長，並希望能夠取代自己的同性家長，而與異性家長結合。

那麼，由異性家長撫養孩子的單親家庭，由於家庭結構的二元性，更要注意與孩子保持適度的私密距離，避免由於家庭結構的二元性造成的不良影響。

3. 為孩子健康成長，不要刻意避免再婚

孩子成長的過程中，既需要母親的角色示範，也需要父親的角色示範。無論是男孩還是女孩，都是透過觀察父母的行為方式了解和學習「男人／女人是怎麼回事」以及「如何做一個女人／男人」。因此，即便不為了個人的幸福，至少為了孩子的健康成長，也不要刻意拒絕婚姻和愛情。

【給孩子的建議】

1. 父母永遠是「父母」，也永遠只是「父母」

也許在有些家庭裡，爸爸或者媽媽真的很糟糕，非常令人失望，但是，無法改變的是，爸爸就是爸爸、媽媽就是媽媽。我們也許可以暫時代理一下父親或者母親的職能，但是，我們不可能取代他們的角色。

2. 親子之愛，永遠無法取代夫妻之愛

不管爸爸媽媽如何愛我們，我們又如何愛自己的爸爸媽媽，親子之愛永遠不能取代夫妻之愛。我們沒有權力干涉父母的婚姻，包括他們再婚，他們之間的情和愛應該由他們自己決定。

3. 當自己混亂時，尋找專業幫助

情感是人類精神世界裡最複雜的部分，它會帶我們體會人間的一切美好，也可能是我們萬劫不復的因由，所以才有如此多的文藝作品以人類情感為主題。

當我們自己拎不清時，不妨請專業人士給予幫助，幫助我們澄清自己，看清發生在我們身上的到底是什麼，減少我們的困惑和苦惱。

第十三章　別來煩我

—— 來自親生父母的糾纏

M 是被一個中年女人拖進我的輔導室的。

這個中年女人，滿臉怒氣，氣勢洶洶，像抓住一個小偷。

M 滿臉嫌棄、羞愧，雙手抓住揪著自己衣服後領的女人的手，不住地掙扎，像是想要從女人的手中掙脫。

女人一邊拉著 M，一邊大聲地叫罵：「我要問問妳的老師們，有沒有像妳這樣沒良心的人！有沒有不認媽媽的道理！」

輔導室外很快圍了一圈人，年輕的學生們大概也很少見這樣的陣勢，前排的個個面露狐疑、驚訝，後排個子矮看不見的，伸長脖子，踮起腳尖，扳著前排人的肩膀找支撐，一會兒就由於體力不支，「矮」下去，又踮起腳，弄得前排的人搖搖晃晃。學生們相互茫然地問：「怎麼啦？」「誰呀？」個個都不得要領。有的大聲地說：「那個女生是誰誰，是我們班的。」大家就投過去羨慕的眼神，那人就滿臉得意。

看到這情勢，我將輔導室外的學生安撫、勸離，關上輔導室的門，回過頭來看著眼前的兩人。

中年女人頭髮不成型地、凌亂地貼在額頭、鬢角上，汗涔涔的，一臉怒氣，使她的臉看起來猙獰、扭曲，很可怕。

M 看著我，很委屈，像是在向我求救。M 的衣領被扯得變形，也像要從身上「飛昇」一樣，被揪得向左上方「掙脫身體」，腰際已經升到胸部，下面露出一截白色的校服短袖衫的下襬。

我忙勸中年女人鬆手，有話好好說。

中年女人看著我，鬆了手，還順勢推了 M 一下，將 M 推得一個趔趄。M 慌忙將自己的衣服整理好。

「老師，您來評評理，有沒有不認媽的道理？」剛坐下，中年女人就向我發問，眼睛卻惡狠狠地盯著 M。M 卻將頭轉向一邊，不跟中年女人有任何眼神接觸。

「妳看看，老師，有沒有這樣的，這樣沒禮貌？」說著，中年女人順勢伸手打了 M 手臂兩下，力道似乎很大，M 被帶著身體都轉了 90 度。

「不好意思，我還不知道，怎麼稱呼您？」我客氣地問中年女人。

「我姓王，我是她媽！」中年女人很快地答。

「妳叫什麼名字？」我朝向 M 問道。

「M。」

「妳能告訴我，發生了什麼事嗎？」我繼續問 M。

M 將眼睛轉向我，剛要開口，中年女人就搶著開口：「老師，我是 M 的媽媽，她卻不認我。您說，天底下有沒有這樣的不孝女，有沒有這樣沒良心的？」說著，中年女人又伸手打 M 的手臂。

M 這次躲開了。眼睛瞪著中年女人，眼裡透出鄙視、嘲諷。

M從小就覺得很幸福，因為爸爸媽媽總是寵著自己，什麼都順著自己，說話也溫言細語的，從沒有罵過自己，也沒有說過一句重話。

不知什麼時候開始，家裡總會來一個女人，每次她一來就拉著自己不放，問長問短的，都問些不著邊際的話，什麼「他們對妳好嗎」、「他們有沒有打過妳呀」、「他們有沒有讓妳餓肚子呀」，弄得M莫名其妙。

女人走後，M問爸爸媽媽這人是誰？

爸爸媽媽每次都說「一個親戚」。

「我不喜歡這個親戚，她很討厭，盡問一些你們對我好不好的話。」M向爸爸媽媽發牢騷。

爸爸媽媽欲言又止，很為難的樣子。

最後，爸爸媽媽終於告訴M——M不是他們親生的，是那個中年女人的孩子。

好像晴天一聲霹靂，M被劈蒙了，腦袋裡瞬間轉過無數個念頭。

——我要怎麼辦？跟她回去？

——當初為什麼要將我送給別人？現在又為什麼要來找我？

——爸爸媽媽是什麼態度，要將我送回去嗎？

……

M 對於一切充滿迷惑，但是似乎與「爸爸媽媽」之間突然就有了隔閡，覺得他們不再是自己的「爸爸媽媽」，很多話不能夠再像從前那樣自然地說出口。M 從此變得沉默寡言，回家就把自己關進房間，不吃飯不出來，成績也一落千丈，從原來班上的前幾名，一下子落到最後。

班導師找 M 談心，M 看到老師很關心自己，原本想將一肚子的煩惱都告訴老師，看看老師能不能幫自己理清頭緒，可是轉念一想：這些事，又怎麼好跟外人講呢？俗話說「清官難斷家務事」，班導師又能做什呢？她能決定我將來跟誰一起生活嗎？算了，還是別說了。

幾次約談無果，班導師就聯絡家長，看看能不能透過家校合作，了解M到底發生了什麼，能為M提供什麼切實的幫助。

找到家長，了解情況，老師才知道 M 的身世。

M 是第二胎，原本家裡以為懷的是個男孩，說什麼也要生下來，這樣就能延續香火了。可是沒想到，生下來還是個女嬰，就想怎麼處理呢？養兩個女兒不值得。正為難之際，有人出了主意：送人吧，送給那些生不出孩子的，還能得一筆錢。父母同意了，那人就給找了戶人家 —— 男的是工程師，女的是教師，婚後多年懷不上，女方先去檢查，沒問題，男方再去檢查，發現患有「弱精症」。後來男方仔細回憶，又詢問家人，才得知：男方小時候發高燒，沒有及時治療，落下了病根，女方才一直懷不上孩子。雙方見面，親生父母這邊對養父母的家境很滿意，覺得今後就有了一門「富親戚」，養父母這邊也很高興，終於有孩子了，女嬰很健康，很可愛。雙方達成協議：結成親戚，經常走動，養父母一次性付給親生父母一筆錢，「給產婦補身體」。

後來，M就在養父母家裡健康成長，一直都不知道自己是收養的孩子，因為養父母對M無微不至的關懷，比親生的孩子還要用心。親生父母也從來沒有出現過，只是會每年跟養父母要錢。

後來，親生父母終於生出了兒子，可是，兒子嬌生慣養，讀書不認真，行為習慣也不好。親生父母傷了不少神，又聽說送出去的M品學兼優，就想把M要回去，「家裡總要有個成才的才行，這樣兄弟姊妹之間有個幫襯，將來才會有好日子」。於是，他們就開始經常來「走動」—— 因為總不能無緣無故地就將送給別人的孩子要回來，必須找到理由才行。於是他們就來探M的口風，看看養父母有沒有「虐待」M的證據。可是，養父母對M很好，親生父母找不到理由，就拉下臉，直接跟養父母說：「我們要把孩子帶回去！我們要一家團聚！」

養父母真是要被氣暈了。

當初講好的，M送給養父母撫養，是因為親生父母重男輕女，想要兒子。現在兒子不爭氣，又來打已經送給別人的女兒的主意，還說的好像養父母是阻止他們一家團聚的壞人似的。

真是沒想到天底下還有這樣的人？

班導師得知這些，又去走訪鄰居，考核情況，結合平日裡與養父母的接觸，覺得養父母所言值得相信。可是，這事到底該怎麼辦呢？班導師也沒有辦法。

最後，養父母就將全部事實都告訴了M，並且說，M已經16歲了，不管M今後跟誰過，她自己都有權利了解事實和做出決定。

M覺得自己像是一葉小舟，被拋到風口浪尖，要獨自面對暴風雨。

養父母對自己真是沒話說，就算是親生的，都不能更好了，知道是養父母，更覺得他們對自己比世上任何人都好。而親生父母當初嫌棄自己是女孩，就要把自己拋棄、送人，現在又因為沒有教育好自己的孩子，想來把自己要回去，算怎麼回事？把自己當成一個人了嗎？自己在他們眼中一直都是一個工具，當初是傳宗接代的工具(最初以為是男孩，才想生下來，保證家族有後)，現在是光耀門楣的工具。而且，親生父母家庭條件差，人品也差，自己要是回去了，就會跟著受苦。

可是，M又覺得自己似乎不應該這樣想，這樣很自私，只想著自己的感受和未來的生活。養父母已經給了自己16年的照顧，現在親生父母這樣來糾纏，要是自己不回去，會不會給養父母帶來很多煩惱？

她又想，難道就沒有法律或其他途徑可以幫助自己嗎？像親生父母這樣的人難道就沒有辦法可以治一下嗎？

M陷入各種思考，反反覆覆的掙扎中，無心讀書，成績一落千丈。養父母非常擔心M，可是看在眼裡急在心裡，又怕說多了給孩子造成新的壓力。班導師也是除了經常性跟M談心、寬慰她一下之外，不能做得更多。

親生父母在養父母那裡沒有得到滿意的答覆，就開始想透過M來實現自己的目的，三番兩次到學校來找M。M不勝其煩，終於忍不住對親生母親大聲地喊出：「別來煩我！」這下，把親生母親給刺激到了，親媽就不依不饒地拉著M又罵又打，在學校的教室裡、走道上拉著M高聲喧譁，想找一個可以說理的地方。

M覺得很丟臉，自己在學校一直都是「好學生」，養父母都是有文化、有教養的高知識分子，沒想到這個女人水準這麼低，還到學校來敗壞自己的聲譽，真是從心底裡厭棄這樣的人，這人還是自己的「親媽」，真是丟死人了！心底升起對這個人、對自己的親生家庭的無限憎恨和恐懼，打死都不願意回去了。就算養父母無法再撫養自己，自己就算去流浪，也不會跟著這樣的人一起生活。

M原本有著平靜幸福的生活，也在這樣平靜的氛圍裡得到很好的照顧，各方面都獲得很好的發展。可是，青春期，自我同一性的關鍵時期，突然出現巨大的變故和衝擊——「我到底是誰？」「是知識分子父母的孩子，是有好出身、有良好基因遺傳的、受到良好教育的、家境很好、美好未來可以預期的、可愛的、幸福的女孩？還是出生於惡劣環境、父嫌母不愛、被遺棄的、被利用的可憐的孩子？」同時，不僅僅是自我認同、情感層面的危機，還有現實的物質層面的威脅，如果自己跟親生父母回去，生活品質、家庭環境一定沒有在養父母家好，這不用質疑。

在這一系列的危機面前M出現內心難以平靜、無法靜下心來讀書的狀況非常正常。

同時，面對親生母親的無理取鬧、養父母的「退讓」和「妥協」，甚至「推卸責任」（在M看來，這時她非常需要養父母強而有力地站出來，不讓親生父母帶走自己、保護自己；可是，由於養父母的身分尷尬，又怕自己強力地阻止M回家，以後要是M想法轉變，責怪自己阻止她回家，那豈不是「豬八戒照鏡子」—— 裡外不是人）。M又懷疑養父母到底對自己是什麼態度，是不是並不夠愛自己，或者養父母因為被親生父母弄得不勝其煩，對自己也產生了厭棄的情緒……

M此時腦袋裡像火山底部的岩漿層一樣，沒有一刻是靜止的，沒有一刻是冷靜的。因此，她無法安心讀書、無法心平氣和，她出現了嚴重的情緒和行為問題，在學業成就上、在人際關係上出現種種問題。

【給家長的建議】

1. 收養孩子不是簡單的事，要謹慎行事

收養孩子不是「添人添筷子」那麼簡單的事。養育一個孩子已經是對一對父母的考驗，更何況是收養一個孩子。

國外有研究證明：收養的孩子，即便是很小的時候（嬰兒期）被收養而且完全沒有被告知是收養的，孩子都會有某種奇怪的感覺，就覺得自己跟這個家庭有點問題，跟自己周圍的兄弟姐妹有不同。

收養孩子，不僅是對經濟能力的考驗，也不僅僅是展現自己的愛心，更不是為了療癒自己的「心傷」。收養一個孩子，就是要對一個人全面負責，而且由於不是自己的親生孩子，這種情感又與普通的親子感情存在差異，這是必然。當然，我們都希望能「一視同仁」，但是，在現實的相處中，這種差異是存在的，我們不能一廂情願地否認。

所以，行事前，請謹慎地考慮自己及配偶的經濟能力、心理成熟度、雙方的意願，必須經過多次反覆的商討，真正達成一致，並且做好準備應對可能會出現的各種問題。

2. 把收養的孩子當親生孩子養

如果一開始就沒有把收養的孩子當成自己的親生孩子，就是養父母在心理上跟孩子「設限」，使孩子在心理上與養父母有距離。

把收養的孩子當成自己的親生孩子養，無論生活中出現什麼問題，養父母都要想想，「要是他是我的親生孩子，我會怎麼處理」，然後再行動。

收養孩子就是給他一個自然的、較之不被收養要更好一些的環境，使他獲得應有的發展機會和權利。

3. 要不要跟孩子講他的身世

因人而異，還要問問自己：「我為什麼要跟他講講？我自己的出發點是什麼？講或不講對孩子的影響會是什麼？」原則就是：為了孩子獲得最好的發展、孩子的利益得到保障。

還可以看看別人是怎麼處理的，別人的出發點是什麼，結果怎樣。

當然不能照搬，每個家庭和個人是不同的，之所以可以參考別人的經驗，是要弄明白中間有沒有規律性的東西。遵循個人成長和心理發展的規律，是比較可行的。

4. 遵守相關法律

臺灣的《民法》有收養相關規範，收養前一定要認真仔細地閱讀，還要詢問相關部門和律師，透過合法的途徑和手段，盡量規避風險，不要讓收養行為影響自己和家庭以及準備收養的孩子的生活。

【給孩子的建議】

1. 有任何疑問，都可以跟父母諮詢

小孩子有時會幻想自己是有特殊身分的人，比如：外星人、被王室遺落在民間的王子公主、有超能力……這很正常，也許過了一段時間，就不會這麼幻想了。但是，如果這種感覺一直存在，那就跟父母討論一下、諮詢一下：「我是誰？」「我是哪兒來的？」「我是你們親生的孩子嗎？」

坦誠的溝通比各懷心事更有利於彼此的信任和情感培養。

2. 如果出現養父母和親生父母爭奪自己的局面，你要問問自己的心

《民法》有相關規定，關於被收養的孩子在什麼情況下可

以終止收養關係。如果這樣的事發生在你身上，而你有法律規定的做出選擇的權利時，你要問問自己的心，不要被別人牽制。

跟養父母生活愉快嗎？

養父母和親生父母的家庭條件哪家更有利於你的成長？

除了養父母、親生父母，你可能需要面對的還有其他親屬（包括養父母這邊的和親生父母那邊的），他們對你以及你被收養是怎樣的看法和態度，他們好相處嗎？

……

你也不用太快做出決定，可以到兩邊都去住一段時間，感受一下各自的家庭氛圍和家人間相處的模式，因為這樣你可以更有依據地做出選擇。

你不必思考太多道德上的東西，更不能被別人用道德的名義綁架。比如：我要是回去了，養父母會不會覺得我很沒良心？我要是不回去，別人會不會說我貪慕優越的物質生活，忘記了自己的出身？

只要你自己能生活得好，相信這是真正愛你的父母都願意看到的事。

如果他們爭奪你是為了滿足自己的需要，你又何必用道德來綁架自己，做出違背自己意願、讓自己後悔的選擇呢？

3. 調整心態，接納現實

我們每個人都需要確定自己出生的合理性、合法性。如果由於各種原因，我們的出生受到某種質疑，我們會因此而受到影響，以至於可能覺得自己不應該活在這個世界上。

但是，如果我們就是這樣一種身分，我們無法選擇，那我們該怎麼辦呢？

也許，我們可以這樣想：

既然我出生在這個世界上，那麼我的出生就是被宇宙接受的。既然我出生了，我就是「天選之人」，我一定肩負著某種使命。至於那是什麼，不用著急，我只需要做好準備，到時候自然就會知道。在這個過程中，我可能還會經歷很多事情，也許是磨礪、苦難，那都是為了將我鍛造成能夠完成使命的人而必經的「歷練」，所以，不要驚慌、不要抱怨，堅實地走好每一步。

如果你自身無法調整過來，那就尋求專業的心理幫助。

要相信：天助自助者。

4. 拿起法律武器，保護自己及家人的合法權利

如果由於收養關係而造成很大的現實困擾，協商無法解決，或者反覆糾纏不休，那就拿起法律武器，保護自己和家人的合法權利。

第十四章　拳擊女孩

—— 對世界充滿敵意的孩子

N經常鼻青臉腫，班導師問她是不是在外打架，她說沒有。班導師說要找家長，她說：只有一個奶奶，在養老院，有老年痴呆。班導師不信，覺得是她找藉口不讓班導師去家訪。N就帶班導師去養老院。當班導師看到N的奶奶時，她信了，因為N在奶奶面前露出無限的溫柔，跟奶奶非常和氣地說話，像哄小孩子一樣哄著奶奶。

出了養老院，班導師掏出身上所有的錢，塞到N手裡，並且說：妳要好好讀書，要堅強……話還沒說完，班導師自己的眼淚就流了出來。

N跟我說到這些的時候，露出蔑視的笑容，嘴角一斜：「有什麼好哭的。」

「你知道我最煩她什麼嗎？她後來居然在班上發起募捐，捐款給我，把我的事弄得全世界都知道了。真是太討厭了！我要她給我錢了嗎？我跟她說我窮，但我需要她捐款給我了嗎？真是自作多情！」說到這裡，N把手裡的紙杯往桌上重重一放，紙杯裡的水濺了出來，弄得桌面一片水漬。

N是因為跟班導師大吵大鬧，還想動手打班導師，被幾個男老師摁住才沒打到。N在走道裡大聲喧譁，要求換班，揚言不換班，見到班導師一次就打一次。其他老師、主任都紛紛出面，還是沒辦法。最後只好幫N轉了班。可是，所有的人都弄不明白，班導師這樣關心她，她非但不感恩，還恩將仇報，還要打班導師，真是心理有問題，於是就把她弄到我這裡來了。

N從記事起就沒見過爸爸媽媽，奶奶說，爸爸媽媽在國外工作，要賺錢養家。N就信以為真，可是，其他小朋友卻說，N的爸爸媽媽不是好人，早就死在外面了。剛開始，N很傷心，只會哭，可是哭不能解決問題，小朋友還會跟在她身後奚落哭泣的N，一直跟著她回到家裡。奶奶就會出門喝斥那幫小孩子，驅散他們，然後勸慰N。

N問奶奶，自己的爸爸媽媽到底在哪裡，他們是不是壞人？

奶奶無奈地嘆氣，什麼都不說。

N的心裡埋下無數個疑問。

再次遇到小朋友說「她爸爸媽媽是壞人、早就死在外面了」之類的話，N二話不說，就開打。有時候打贏了，自己也弄得一身髒，有時還會受點傷；有時候打輸了，被抓得臉上、手上到處是血印子；有時候，頭天打贏了，第二天輸家又叫了一幫人來報仇，自己又會被打得很慘。

N慢慢總結經驗：女生留長髮，打架時很吃虧，於是剪成平頭；穿裙子，打架不方便，再也不穿裙子，衣櫃裡只有耐磨、結實的牛仔褲、運動褲之類的；書包裡也開始裝些可以做武器的東西；看到情形不對，先跑，跑不過，先出手，要狠，一擊重創，不給對方還手的機會，但是不能出人命……

N似乎走上了一條危險的道路。

可是，慢慢地大家不再找她麻煩，反正，就是沒人理她，好像大家都無視她的存在。後來，N 才知道，奶奶去找了政府，要求政府給她一個說法：要不要她們祖孫倆活？

N 很好奇，自己的爸爸媽媽到底是什麼人？為什麼別人都說他們不是好人，還希望他們早點死在外面？N 四處打聽，後來陸陸續續了解到一些資訊，漸漸勾勒出爸爸媽媽的形象：

N 的爸爸以前不好好讀書，很早就輟學，在社會上晃蕩，後來去了外縣市，跟了黑社會老大，好像是開賭場的，爸爸就負責看場子。後來，老大坐牢了，爸爸也被關了一段時間，放出來後開始販毒。後來又被抓了，現在還關在監獄裡。至於媽媽，好像是爸爸在看場子時遇到的，兩人也沒有結婚，就那麼在一起，後來又一起去販毒。但是，在抓捕時，媽媽被打死了。

至於 N，從一出生就被留在了老家，由奶奶撫養。剛開始，爸爸媽媽為家裡留了不少錢。可是後來因為爸爸販毒，家裡的錢就被當成「非法所得」沒收了。N 和奶奶失去了生活保障，奶奶就抱著當時還在襁褓裡的 N 去找政府，「要生活」，後來，政府考慮到她們的具體情況，給了他們低收入戶補助。奶奶又做些針線工作補貼家用。

至於為什麼別人對他們有這麼大仇，好像是因為，有一次，爸爸媽媽回家探親時，有個年輕人很羡慕他們夫妻倆能賺這麼多錢，雖然知道這些錢來路不正，但是抵不住誘惑，就覺著自己拚死拚活做一個月才賺那麼點錢，他們一趟買賣就弄一輛車的錢，所以死皮賴臉地要跟他們一起做。夫妻倆怎麼說都不同意，年輕人就揚言要去揭發，弄得夫妻倆沒辦法，就跟他說，幹這行的都不得好死，要有膽子。年輕人還是不怕，爸爸就說，幹這行的都得有膽子，問他敢不敢吸毒。於是拿出一些毒品，擺在年輕人面前。爸爸原本是想嚇唬嚇唬他，讓他知難而退，誰知道，話還沒說完，年輕人就抓起來往嘴裡塞，爸爸一把沒奪下來，連忙替年輕人做搶救，可是，年輕人還是死了。

這就結下仇了。

別人就覺得你們一家人發財，我們也沒攔著，你們幹什麼還要害鄉里鄉親的。

爸爸媽媽死的死，坐牢的坐牢，也沒能減輕N和奶奶在鄉親、鄰居心中的原罪。於是，就出現小朋友欺負N的事情。後來N才知道，她奶奶種的菜也經常被毀，她爺爺的墳都被刨過。

N也很憤怒：我爸我媽犯的事，他們自己已經承擔了後果，該死的死了，該坐牢的坐牢了，憑什麼還要欺負我們沒做壞事的人，就仗著你們是大人，我們一個孩子、一個老人。你們多有能耐啊！

於是，N就覺得什麼人都靠不住，只有自己才能救自己。於是，N開始思索，怎麼才能不受欺負？

讀書，N覺得自己不擅長讀書，而且，讀書又怎麼能救得了自己呢？讀書週期也太長。

那麼就只有「兵來將擋，水來土掩」—— 你們要是敢找上門來欺負我們，我就要當場打回去，絕不手軟。

於是，N 開始練習拳擊。剛開始，N 一個人胡亂摸索，後來有一次在電視上看到拳擊比賽，她就聚精會神地看，看完就開始自己練。後來，又找到健身館教拳擊的，但是費用太高，自己沒錢。跟老闆好說歹說，老闆同意她到健身館打工，免費學拳。

N 就開始了在健身館打工、學拳的生活。剛開始，N 放學以後來，做到健身館關門，做 5 天，上一次課。N 是鐵了心要學拳的，於是學得很認真，沒事時勤加練習，別人教拳，她就在旁邊偷學。

後來，N 進步很快，老闆就跟她商量，問她願不願意當陪練。當陪練的話，就不用做雜工，還可以學拳，而且如果客人滿意，還會有小費，健身館不抽成。

N 算了一下，馬上同意了。於是就有了 N 經常鼻青臉腫的事情。

「我不是不會躲，但是你每次都躲了，客人老打不到你，他們就會不高興，下次就不找你了。我就躲幾次，然後被他們打到一次，這樣，客人才會覺得有進步，才會繼續來。」N 很狡黠地笑了一下。

N 覺得，自己的爸爸媽媽已經為他們自己的事負責了，自己不應該受到牽連。所以借這些事來欺負自己的都是孬種。

自己能解決自己的生活，不需要誰的憐憫。「班導師算老幾？又是哭，又是發動募捐的，做什麼呀？顯得妳多偉大，有慈母心啊？我自己的生活自己解決，妳也別想透過幫助我來獲得優越感。放到街面上，我們誰能活下去還不一定呢！」N 義憤填膺地說。

N 從小就沒有完整的家庭，只有奶奶一位親人給予她關心和照顧，成為她的親密關係，是她的重要他人、重要客體。奶奶也能在關鍵時刻給予她保護和支持，這些對於 N 都是非常寶貴的資源，也是她在艱難的生活重壓下，沒有垮掉的原因。

周圍人的敵意和傷害使 N 學會了從「惡意」的角度揣度人心。也許在 N 的字典裡，就沒有「世界充滿愛」這種說法，每個人都是在借一些事尋求自己的滿足。

比如：年輕、未經世事的班導師看到人間的苦難和 N 的困境，也許是觸動了她自己，才會流下淚來，可是在 N 看來就是「做作」，自己經歷的比這苦得多了，這就要哭一下，那自己還不得哭死，於是打從心底瞧不起班導師。後來，班導師希望透過募捐的方式給予 N 經濟上的幫助，但是，事先並未徵求 N 的意見，在 N 看來就是對她的可憐，是對她的施捨，這些募捐的人就會有一種道德上的優越感，今後他們就可以對她頤指氣使，就可以瞧不起她，而這是她無法接受的。

班導師對她的善意（也許由於班導師工作時間尚短，對於學生的內在想法了解不夠深入，對於世事人心理解不夠全面，所以，可能懷抱著美好的初衷，卻在無意間給對方造成傷害），在她看來全是別有用心。

這些奇怪的情感體驗模式和思維方式都是過去人際關係模式在當下這一時刻、這一事件中的「活現」（或者也可以叫「再現」）。這種「活現」是規律性的，只要 N 的內心沒有改變，就會在任何可能觸動她的「當下」再次發生。這不是 N 的思想有問題，更不是 N 道德人品惡劣、恩將仇報，而是由於早年的人際關係模式對她現在真實生活的影響。

這需要心理治療／心理諮商，才能給她切實的幫助。

也許我們可以這樣說：N 不幸的身世和遭遇、不幸的早年經歷都對她造成了傷害，而這些傷害不僅僅發生在過去的某個具體的事件或時刻，這些傷害會一直伴隨著 N，在她生命的任一時刻、任一事件中，像個魔鬼似的突然跳出來，驚嚇到她，也驚嚇到她周圍的人。

【給家長的建議】

1. 做好自己，不給孩子造成傷害

「家裡有人坐牢」帶來的羞恥感、自責、內疚、憤怒，會時時縈繞在孩子心頭，使他們無法面對自己、面對身邊人、面對生活。特別是當「犯罪分子子女」這個頭銜隨時跟著自己、使自己看起來很另類，被周圍的人以異樣的眼光注視和迴避時，這種煎熬沒有幾個人能夠承受。

同時，由於孩子可能因為父母的犯罪給自己造成的傷害和困擾而怨恨父母，緊接著的不是輕鬆，而是內疚和自責 —— 因為不管怎樣，他都是自己的家人，血濃於水，他已經在接受懲罰，自己卻不能原諒他，不想給他機會。接下來，孩子可能會想：可是父母已經在接受懲罰了，憑什麼我要跟著一起「成為壞人」、「被人厭棄」、「這些都是父母造成的」，所以「我恨他，我絕不原諒他」。這樣反反覆覆的「怨恨父母 —— 原諒父母 —— 怨恨自己 —— 可憐自己 —— 怨恨父母」的模式會對孩子造成心理上的重壓，也會影響他今後的人際交往模式和他的自我意識的形成。

切記：

「衝動是魔鬼。」

「任何問題至少有三種解決方案。」

「逼迫你的從來都不是別人，是你自己。」

所以，無論如何，凡事三思而後行。

2. 別讓孩子成為真正的「孤兒」

如果已經坐牢，不要讓孩子在失去父母朝夕的陪伴之後，又失去父母親情的陪伴，使他們成為真正的「孤兒」。

孤兒——父母雙亡或被父母遺棄而無人收養的孩子。父母的死亡給孩子帶來的現實困境是什麼？是物質生活失去保障，孩子可能活不下去；是情感世界的重大喪失，感受到「父母的拋棄」——父母的死亡是對孩子的重大傷害，因為父母拋下孩子獨自在這個世界上生活，使孩子失去可以學習的榜樣，使孩子失去可以參照的對象……

父母坐牢，孩子從物理空間上失去了父母，從情感層面上也失去了父母，在道德層面可能還需要「批判」自己的父母……從某種程度上講，父母坐牢對孩子的傷害可能比父母死亡造成的傷害更大。

因為有時候父母的死亡是人力無法避免的，是無可挽回的，而父母坐牢卻是可以避免的，是可以挽回的。而這種努力，有時候就在父母的一念之間。

所以，孩子要怎麼看待自己在牢獄中的父母呢？

是批判、是原諒、是同情、是憎恨……

孩子又要如何看待自己呢？

我是個注定的、天生的「壞種」，因為「龍生龍，鳳生鳳，老鼠生兒會打洞」；

我一出生就帶著原罪，就該為父母的罪行贖罪，就該忍受別人的鄙視、欺辱；

我憑什麼該為他們的罪行承擔連帶責任，他們是他們，我是我，所有「欺負」我的都不是好人，都該受到懲罰、遭到報應……

這一切都會在孩子的生命中留下印記，給他的生活帶來可見和可預知的困難。

所以，如果已經坐牢了，千萬不要自暴自棄，要經常跟家人尤其是孩子聯絡，給予他們情感上的支持，在情感上跟他們再次聯結起來，幫助他們克服生活中、情感上的困難。

3. 呼籲全社會，不要歧視任何少數族群

少數族群並不是罪過，有時候也不是他們自己選擇的、不是他們可以控制的，比如身障人士、罪犯家屬子女、離異家庭成員、單親家庭成員、隔代教養兒童等（雖然後三種人群已不

再是少數，但是我們還是可能會覺得他們跟我們不一樣)。

我們不歌頌苦難，我們更不能人為地製造苦難。

所以，我們要積極呼籲全社會，接納每一個與眾不同的生命形式，接納每一個與我不同的生命形式，接納每一個不符合我們的期盼的生命形式。這種意義上的接納別人就是在營造別人接納我們的空間。

【給孩子的建議】

1. 接納自己的人生，接納生命的不完美

這世界上就沒有「完美的人」，也沒有「完美的人生」，我們每個人都是被上帝咬過一口的蘋果，都帶著某種「殘缺」「不完整」來到這個世界。有的人甚至被上帝咬過好幾口，那也許是因為他特別的甜美，所以上帝才忍不住多咬了幾口 —— 也許這樣的人生更加豐富多彩，成果也更加輝煌燦爛。

所以，接受自己無力改變的部分，也許，在生命的某一個轉角，我們的「不完美」正是成就我們的天賜良機也未可知。

2. 尋求專業的心理幫助

我們每個人都不是超人，都有自己扛不住的時候，這時，我們就應該尋求專業的心理治療。

也許，在我們看來，不是自己有問題需要解決，而是這個世界病了。那麼，我們就一起來看看可以做些什麼來醫治這個生病的世界。

第十五章　別惹我

—— 問題家庭的問題孩子

O的班導師一個月前就預約了我，學校另一個老師也打電話給我，請我幫幫忙。

還沒見面，我的心裡就埋下了一個問號：這是一個怎樣的孩子，又生活在一個怎樣的家庭，以至於身邊這麼多人這樣關注他？

O爸O媽一起來的。

O媽一來就不停地說，讓人無法打斷。

O爸一直沉默，用手撐著頭，斜坐著，沒有任何的目光交流。

O家裡現在有6個人，外公、外婆、O爸、O媽、O、妹妹。

O今年14歲，讀國二，妹妹5歲。

O爸是被招贅的女婿，目前在一家建築公司任職。O媽目前辭職在家，專門照顧O。

班導師的描述是：O在學校一切都好，對人和氣，成績也不錯，可是，從O媽那裡得到的資訊是，O在家對人沒禮貌，回家進門不叫人，不和任何人交流，一回家就進自己的房間，吃飯都不出來，在家就知道玩手機、打遊戲，還和O爸、外公都發生過肢體衝突。班導師也覺得驚奇，這反差也太大了吧！

媽媽的描述是：O在手臂上劃口子，拍流血的照片，還發到網路上；家裡有人的時候表現得對妹妹很不好，沒人的時候，會把妹妹照顧得很好；家裡誰的話都不聽；就知道打遊戲。

鄰居（也就是打電話給我，請我幫幫忙的那位老師）的描述是：O 媽非常溺愛孩子，孩子要手機，就買手機；孩子要平板電腦，就買平板電腦。家裡經常發生暴力事件。不是外公打 O，就是 O 爸打 O，弄得四鄰不安，經常半夜三更的被驚醒，起來勸架。整個家裡就是一團糟，大人亂作一團，有打的、有勸的、有叫的、有鬧的、大人吵、妹妹哭……

O 爸 —— 什麼也沒說……

O 爸 O 媽經人介紹認識，O 媽了解到 O 爸從小經歷了很多的痛苦和不幸，O 爸靠自己個人奮鬥，走出了出生的環境。交往期間，O 爸待人很好，雖然話不多，但是很能替人著想。婚後，由於 O 爸是做工程的，O 媽是做財務的，也是在工程隊上，工作地點常年隨工程隊到處遷移，夫妻處於常年分居的狀態。O 媽為了能和 O 爸有相處的機會，一有空、休假什麼的就會到 O 爸所在地跟 O 爸見面。

後來 O 媽慢慢發現，O 爸平時還好，一喝酒就會打人。

剛開始，O 媽忍耐。

可是，有一次 O 媽帶著幾歲的 O 去 O 爸所在的地方探親時，發生了一件事，O 媽就跟 O 爸說：「今後不會再忍耐，要是再打我，就離婚。」

事情是這樣的：O 媽帶著 O 到 O 爸所在地探望爸爸。晚上，O 爸在外喝酒，O 媽替 O 洗了澡，O 爸正好回來，O 媽讓O爸替O穿上衣服，自己好去洗澡。誰知，O媽自己洗完澡回來，看到O光著身子坐在床上，O爸自己歪在一旁。寒冬臘月的天氣，O光著身子坐在床上，晾了至少半小時，O媽很生氣，一邊數落O爸，一邊幫O穿衣服。哄睡了孩子，O媽又數落O爸，O爸就搧了O媽幾耳光。O媽怕驚醒一旁的O，沒有作聲。隔了一段時間，一次外婆在數落O爸時提到這次女兒被打事件時說：「你別以為我不知道你經常打我的女兒，上次你打她，她回來沒有說，可是O跟我說你『半夜打媽媽』。」O媽就跟O爸說：「要是你再打我，我就跟你離婚。」

後來，O爸O媽的關係一度惡劣到離婚邊緣，兩個人半年沒有見面，沒有聯絡。O上小學了，O媽想到孩子不能沒有父親，加上公公生病，丈夫家人都聯絡不到他，就聯絡到O媽，O媽去探望生病的公公，公公囑託O媽，一定要守好這個家，不能讓這個家散了。於是，O媽決定再給O爸一次機會。

之後，O爸就再沒有打過O媽。

但是，O爸喝醉酒就開始打O。

O爸是家裡最小的孩子，可是，一家人關係都不好，哥哥姐姐都不喜歡O爸，每個人相互都不喜歡。O奶奶是童養媳，從小在O爺爺家受到很多虐待，O爺爺也常年酗酒，一喝酒就打老婆，以致O爺爺重病住院時，O奶奶都不願出錢為O爺爺治病，還虐待O爺爺。O爺爺去世後，O奶奶也不允許

O爺爺的屍體停放在家裡，把家門鎖上，任誰說情都不開。三伏天氣，O爺爺的屍體只好停放在院子裡……

O爸從小就不表達自己的情感，埋頭讀書。終於透過讀書考上大學，走出了自己的原生家庭，並且跟自己的原生家庭保持距離，很少跟他們聯絡，以致O爺爺病重，家人都聯絡不上他。

O爸認識O媽後，覺得O媽親切、溫和、善良。誰知婚後，O媽變得嘮叨個沒完，還一直指責自己常年不在家，沒有盡到一個父親的責任。「我有什麼辦法，做工程就是這樣，就是會常年在外、四處奔波，這些她都是知道的，她自己就是幹這行的，還說出這樣『混帳』的話，這簡直是太無理取鬧了。還一直說，孩子變成今天這個樣子，全是因為我很少跟孩子交流，沒有培養起父子之情……那她又做得怎樣呢？一味地溺愛孩子，孩子要什麼就給什麼，要手機就買手機，買了又管不好，讓孩子沉迷線上遊戲，還有臉來說我！」

O爸自己從小就沒有得到家人的關懷、沒有感受到家庭的溫暖，現在做上門女婿，就自覺低人一頭，每次回家都要看岳父、岳母的臉色。「我在外打拚，要養活一家人，經濟壓力就夠大了。在外要看老闆臉色，回家還要看岳父岳母的臉色，老婆還絮絮叨叨說自己這沒做好、那沒做好，這日子簡直無法過了。生個小兔崽子，還不知道好好讀書，一味地玩遊戲，也不跟我親近，還要我像個孫子似的去遷就他，去跟他談心……」

由於O爸O媽工作性質的原因，O從小就跟著外公外婆生活，外公是個很強硬的人，說一不二，而且要你「立刻」、「現在」、「馬上」去執行他的命令，刻不容緩。小時候還好，O很乖巧，爺孫倆感情很好。後來，O慢慢長大，不會再「立刻」、「現在」、「馬上」去執行他的命令了，外公就變得怒不可遏，大聲喝斥，不見O行動就動手打人。O媽從小就是這樣長大的，對此她也毫無辦法，只有讓O遷就、順從外公，怕把外公氣壞了。外婆倒是一直都和顏悅色的，因此，O從不跟外婆發生衝突。

見到O時，我看到的是一個清秀、略微顯得消瘦的男孩，校服洗得乾乾淨淨的，臉上卻有明顯的傷痕，手上也有星星點點的傷疤。

他低垂著眼，只有你問到他不確定的話題，他才會抬眼看你一下。

說到最近一次爸爸為什麼打他，他是這樣描述的：

那天O早早就睡了，O爸很晚才回家，又是喝得大醉，他還跑到O的房間裡開燈寫信——因為，只有O的房間裡才有寫字桌——他一邊寫信，一邊喝酒，一邊哭，一邊絮絮叨叨地說自己好辛苦、壓力好大……

後來O爸就倒在O的床上。

O向旁邊挪了一下，O爸就說：「你還沒睡啊？起來，說一下你怎麼不好好讀書！」

O 不想理他，就不吭聲。

O 爸就用手打 O 露在被子外面的手。

O 說：「別動我。」

O 爸就咆哮起來，把 O 從被子裡揪出來，甩手就是幾耳光，一邊打一邊罵：「我還動不得你了！老子不打死你！你就是欠收拾！就是沒打夠！」

O 也咆哮起來：「你打嘛！有本事你就打死我！」

父子倆就開打，一個掐著對方的脖子狠命地搧耳光、打頭，一個用手阻擋、推搡。喝醉酒的人腳步踉蹌，O 爸腳下不穩，摔倒了，把穿衣鏡碰碎一地。

結果驚動一家人，「好戲」上場：外公咆哮、外婆勸架，O 媽拉 O 爸起來，O 爸掙扎著推開 O 媽，妹妹站在旁邊看著一切，哭……

「你給老子滾出去，我就當沒生你！」

「滾就滾！」

……

O 一邊敘述，一邊止不住地流眼淚，用手不停地抹。

我問道：「為什麼不管家人跟你說什麼，你都不給家人回應？」

O 說：「我說什麼有用嗎？」

外公是那種 —— 你必須「無條件」、「立刻」、「現在」、「馬上」去執行他的命令，刻不容緩的人。他要是喊你去做什麼事，你最好馬上、立刻去做，否則，就算你最終做了他要求的事，你還是會被他打一頓。

媽媽是那種可以幾個小時不停口教育你的人，你根本插不上話……

爸爸平時根本不在家，回家也不跟人說話，一喝酒就打人……

家裡只有外婆對我最好。可是外婆也做不了主。

妹妹，所有人都喜歡妹妹。她小、她乖、她可愛……

「為什麼要割傷手臂，還要po上網？」

「其實也沒什麼，就是覺得心裡很空，很難受。同學有幾個也這麼做了，自己也試試。割的時候，心裡其實很平靜，就想看看是什麼感覺。其實並不怎麼痛，看到血流出來，弄得到處都是，心裡反而有種很確實的、痛快的感覺。」

「為什麼喜歡打遊戲？」

「遊戲好玩呀！打遊戲的時候可以什麼都不想，可以非常投入，什麼煩惱都沒有啦！而且，我在遊戲裡可以非常成功，很多人都喜歡我，不像在家裡一樣，每個人都嫌棄我，每個人都說我這不好那不好……」

列夫·托爾斯泰曾說過：「幸福的家庭都是相似的，不幸的家庭卻各有各的不幸。」

其實，並不是這樣的。

現實生活中，每個家庭都會遇到各自不同的困難，但是，幸福的家庭家人之間彼此支持幫助，共同面對困境，再大的困難都可以克服，家人之間的情感會因為共同經歷了困苦而更加深厚和牢固。與之相反，不幸的家庭家人之間正缺乏這種彼此之間的「支持」、「關心」、「幫助」和「愛」，彼此之間感受到的更多的是「傷害」、「不理解」、「痛苦」「掙扎」⋯⋯

幸福的家庭是因為彼此之間有深刻的情感聯結，而不是因為沒有遇到苦難。而不幸的家庭，除了不可抗的外力之外，更重要的是家人之間缺乏情感的支持與聯結，就如同O的家庭。

O爸自己的「心傷」沒有得到治癒，帶著這樣的「心傷」，他希望找到一個可以療傷的地方。可是，O媽的家庭環境明顯並不符合他的預期——外公是個強勢的人，外婆是個軟弱的人，跟O爸自己的原生家庭很類似，略好一點的是，外婆不像奶奶那樣「決絕」，外婆的軟弱是一種「柔和」的力量，它承載和化解很多強勢的力量，使這個家庭還有某種黏性，還有可以容納的空間。

O媽從小生活在強勢的外公和「軟弱」的外婆組成的家庭中，作為獨生女，O媽從小被教養成「溫柔」、「隱忍」、「有責任」。同時，O媽的攻擊性雖然不以肢體暴力的方式展現，但是會以語言暴力表達。因此，O媽很能說，可以連續不斷地說上幾個小時不停口，她可以不斷地攻擊對方，使對方不堪其擾。

在O爸和O媽這對夫妻之間，一個不善表達自己的情感、一個非常善於使用語言進行攻擊，一個沉默寡言、一個絮絮叨叨說個不停。O爸的不善言辭，可能使O媽感到自己的表達在O爸那裡沒有得到足夠的重視，因此會加大使用「語言」的力度和強度，這可能反而使O爸想逃避。加上O爸O媽工作的性質，兩人平時很少有時間生活在一起，對彼此的了解、理解程度較一般常年生活在一起的夫妻更低，彼此在情感上對於對方的理解和接納程度自然會更低一些。當生活中遇到非常具體的困難時，缺少了解、理解、交流的夫妻之間產生齟齬非常正常，相互之間的指責、攻擊成為常態，面對對方的指責，推卸自己的責任、逃避也就非常常見了。

而當夫妻雙方都無法正視自己的責任、無法調整自己的行為，沒有將「解決問題」作為行動方向，而是將一切問題歸結為「只要你改變了，一切就解決了」，那麼，問題不僅得不到解決，還會加深夫妻間的裂痕。

同時我們也要看到，孩子身上出現的問題行為，往往是家庭問題的反映，是孩子在具體環境中的「適應性行為」（雖然在外人看來，這些行為都是「不適應」的，都是「不良」的）。試想，如果孩子不這樣做，他又該怎樣活下去？

孩子出了問題，是整個家庭一起努力做一些改變的契機。

如果家長覺得「這些都是孩子的問題，是孩子的錯，只要孩子改正自己的行為，那麼一切都解決了」，那麼孩子的問題並不會得到解決，還可能會固化，可能會成為影響他一生的症結。孩子也可能成為另一個帶著「心傷」的個體，生活在世界上。

他的一生又將如何？

不得而知。

【給家長的建議】

1. 穩固家庭的關鍵是 每個家庭成員都得到家庭的滋養

我們每個人都來自家庭，家是我們安身立命的根本。

我們都想從家庭中獲得滋養，如果只獲取從不付出，家庭就會分崩離析，就像銀行儲蓄一樣，只取不存，遲早會戶頭空空如也，只能銷戶，要是開的是信用卡，透支的後果更嚴重，傷人傷己。

因此，家人之間的情感也要經常維護，家人之間要經常性地聊天、談心，了解對方對家庭、每個家庭成員的認知和評價，談談各自的感受能更好地增進情感。

家長也許有很多的人生經驗、生活經驗可以分享，但是，家裡沒有上司與下屬的關係，沒有誰應該、必須去執行另一個人的命令。有時候，自然後果帶來的教育遠遠勝過家長苦口婆心的教導和狂風驟雨般的體罰。

所以，家庭情感銀行，要取也要存。常常聊天，了解彼此對一些家庭事務的看法和感受，從根本上了解一個人，尊重一個人，而不是將對方當成自己的從屬，使每一個人都能在家庭中得到滋養，每一個人都能在家庭中獲得舒展的機會。

2. 夫妻情感穩固是家庭關係穩固的關鍵

傳統家庭相信闔家而居是非常幸福的事，這在傳統的農耕社會，生活經驗的傳承對個人非常重要的時代是正確的，而且當時重要的生活資料、生產資料仍掌握在大家長（很可能是一家之主的父親或者爺爺）手中，這更是非常必要的。

但是，現在的家庭結構往往是一家三口或四口的小家庭模式。爺爺奶奶或者外公外婆已經不再是核心家庭的重要成員。祖輩、父輩兩代人的生活理念、生活方式常常存在很多差異，在子女的教育上也可能會出現重大衝突。

如果因為各種原因，不得不幾代人共同生活，那麼，夫妻倆應該協商、確定好自己的身分、地位、各種關係等重要的事項，並且取得家人的一致認可。否則，到底誰是一家之主，出現需要決策的重大事項時，該誰拿主意，就會是一件讓人頭痛的事。

夫妻穩定好關係，出現任何問題時，夫妻都以協同的方式面對，會減少矛盾和紛爭。這樣可以盡量緩和女婿與岳父岳母、媳婦與公公婆婆之間的矛盾衝突。

3. 處理好自己的問題，才有能力應對生活中的種種難題

成長的過程就是不斷受挫、不斷「社會化」的過程，使我們每一個「自然人」成長為了解社會規範，懂得人情世故，會根據具體的情境採取適宜的行為的「社會人」的過程。在這個過程中，我們每一個人都會遭受一定的「創傷」。

如果一些人更加不幸，經受了更多的「創傷性事件」，那麼，他可能會真的帶著「心傷」在世間行走，尋求療癒的可能性。

也許，他很幸運，能遇到一個非常適宜的伴侶，能夠幫助他療癒心傷。但是，我們不能指望每一個伴侶都是「心理治療師」或者「諮商心理師」，更何況，「醫者不自醫」，在家庭中，「治療師」、「諮商師」也僅僅是「家庭角色」，而不是「治療關係」中的「功能性的角色」。所以，我們的「心傷」需要我們自

己去尋求專業的幫助獲得解決，而不是寄希望於伴侶來解救我們。

只有當我們自己的問題得到解決，我們「痊癒了」或者至少我們有能力去面對生活中可能出現的種種問題時，我們才不會給自己生命中的重要他人 —— 父母、伴侶、子女帶來新的傷害。

【給孩子的建議】

1. 沒有命運的不公，只有命運的選擇

我們一出生，很多事都是我們自己無法改變的，比如有什麼樣的父母，有怎樣的家世。但是，有些事還是我們可以改變的，比如我們自己選擇走怎樣的路。

比如案例中的 O 爸，面對困難的成長環境，他選擇透過考大學擺脫艱難的處境，並一直為此而努力，最終他成功了。

當然，他其實也可以選擇將自己內心的壓力、痛苦與妻子分擔，而不是選擇自己默默承受和隱藏。人的承受能力是有限的，當我們承受到極限，我們總會採取一定的方式釋放壓力。O 爸承受不了時，選擇的是「借酒澆愁」和「家庭暴力」的方式，這些明顯是無效的方式，還帶來了更嚴重的後果。

所以，當我們面對一些我們無法決定、無法改變的情境時，我們還可以選擇以不同的方式去應對。

2. 逃避不是好方法，終究還是需要面對

逃到遊戲裡，可以獲得一時的暢快，但是，荒廢學業，換來的是一世的「有心無力」。

要想改變自己的困境，要麼是周圍的人都改變，如果這不現實，那就改變自己所處的環境 —— 離開自己的困境！怎樣的離開會是比較好的呢？目前可預測的就是透過考大學的方式離開。這就需要認真讀書獲得好成績，而不是透過打遊戲的方式。

當然，這需要我們忍受一時的痛苦，忍受沒有離開時的每一天的煎熬。可是，如果你不能透過考大學的方式離開，你將面對的是長年累月的煎熬。

所以，是一時的痛快、長久的痛苦，還是一時的痛苦、長久的暢快，你需要自己做一個抉擇。

3. 尋求專業幫助，建構自己強大的心理

沒有風雨的人生是沒有可能的，也是無趣的。

我們需要的是可以應對一切的心理承受能力，而不是沒有任何問題的環境。

所以，當我們遇到人生的困境，我們需要尋求專業的心理幫助，幫我們建設強大的心理，可以面對人生中的一切風雨。

第十六章　黑天鵝刺青
—— 尋找人生方向的孩子

S是她媽媽推搡拉扯著來到辦公室的。

原因是S在自己的身上刺了一隻「黑天鵝」，而且還是刺在「私處」。

S是大家眼裡的好孩子，媽媽的驕傲。

自從離婚後，媽媽沒有一天開心過，全部的心思都在S身上，希望她好好讀書，將來考上好大學，離開這個地方，自己也可以和她一起離開這個地方。

S一直都表現得很好，讀書認真，成績優異，沒有結交任何媽媽無法接受的「壞朋友」。

「她到底是什麼時候學壞的？跟誰學壞的！」S媽媽無法理解，臉漲得通紅，眼中射出無法理解和不可原諒的怒火。

S昂著頭，朝向另一邊，像是在遐思，像是沒有在這個時空。

S高高的個子，頭髮梳得整整齊齊，校服乾乾淨淨，一個「好學生」的標準樣子。

我不禁會想像她的刺青到底是什麼樣？是誰替她刺的？具體刺在哪裡？為什麼要刺在這裡？出於什麼動機刺的？為什麼會選「黑天鵝」，有什麼寓意嗎？

……

很多的疑問，這些都只有她能告訴我答案。

爸爸是什麼樣的人，S沒有印象，聽媽媽說，爸爸是個有理想、有追求的藝術家，他為了籌措大學學費，曾經到外地工作賺錢，在那裡遇到了媽媽。

「同鄉」的身分使他們很快關係密切起來，媽媽常常幫助、照顧爸爸，使爸爸感受到除了家人之外的溫暖和支持。後來，他們結婚了，媽媽很快懷孕，並在老家生下了S。但是，爸爸卻留在那邊工作，因為他還不死心，他還想上大學，學藝術。

兩地分居，媽媽開始擔心爸爸一個人在那邊不知道會怎樣，不停地催促爸爸返鄉過踏踏實實的日子。可是爸爸卻日益疏遠媽媽，後來，兩人就離婚了。

從小，S就沒見過爸爸，連一張照片都沒有見過，據說是媽媽一把火全燒了。

後來，S曾到爸爸的老家找過親人——雖說爸爸媽媽是「同鄉」，其實，他們的家相距較遠。

媽媽常說：爸爸很有才華，是個天生的藝術家，但是家裡沒錢，也不支持他學藝術，所以他才離開家到很遠的地方工作賺錢。可是，仍然無法賺到足夠的錢，而且，漸漸地學業荒廢，年齡漸長，又結了婚……這一切都使爸爸無法再考大學。

爸爸低落了一段時間，加上結婚、孩子的出生，經濟負擔的增加，妻子不斷催促返鄉……爸爸有很長一段時間非常憂鬱，似乎找不到人生的方向……

後來，爸爸不再想考大學，而是將自己的天賦和工作環境結合開始從事藝術創作。

慢慢地，他找到了既可以施展自己的藝術才能，又可以養活自己的工作，經濟收入漸漸增加。他終於覺得可以揚眉吐氣了，可以讓家人看到自己當年的堅持不是沒有道理和出路。可是，當他回到家鄉，卻發現家裡的人沒有為他實現理想而高興，而是想著能從他那裡得到多少經濟資助……

這真的讓他很崩潰——想當年，家人沒有支持他的志向，不理解他的選擇，反而逼迫他說：沒錢供他上藝術類大學，他要想上就得自己賺錢，家裡還有幾個孩子，不能都給他了；學藝術沒前途，養不活自己，花費又大，還不如去工作，賺踏踏實實的錢……

現在，自己實現了當年的夢想，家人不僅沒有意識到他們當年的錯誤，反而還想從自己身上獲得利益，簡直太沒人性，不通情理……於是，爸爸毅然地返回他工作的地方，再不回家鄉。

當年，他衣錦還鄉時，媽媽很是為他高興了一陣，覺得他真是一個有才華、有毅力的藝術家；又覺得自己很有眼光，能發現他的才華和能力，但還是希望他能返鄉生活——媽媽覺得畢竟自己現在年齡也大了，不適合再到外地工作，去了也找不到好工作，孩子還小需要照顧，如果帶著孩子到外地工作，還有很多手續要處理，不值得。不如爸爸回來，一家人在市區買間房子，爸爸可以在那裡開始自己的事業，爸爸的藝術理念對於市區的環境而言是非常新的，一定會吸引很多客戶。

可是爸爸卻覺得，媽媽變了，變得目光短淺 —— 回到故鄉，自己的理念並沒有市場，故鄉的人沒有這種時尚的觀念，也沒有這樣的消費實力，自己回鄉只會是死路一條；孩子的教育正是要從小抓起，自己當年就是沒有好的環境也沒有經濟支持，才會走了這麼多彎路；至於媽媽不想去外地工作，那就到自己的工作室幫忙，也是一樣的，至少煮煮飯、打掃打掃環境，也會省下一個人力，相當於是在賺錢，而且還省不少。

可是，他們溝通很久都沒有達成一致意見，爸爸就決定自己先回去，媽媽在家想想，想好了，再決定。

其實，媽媽的私心是：自己去了爸爸的工作室，就成了個老媽子、鐘點工，而如果爸爸回來，自己就是藝術家的夫人，身分完全不同；自己在家有話語權，到了那邊，算什麼，他的事業自己根本不懂，插不上話；自己有份工作，不管賺多賺少都是自己賺的，活得自在，到了他那邊，沒有工作，沒有收入，做的那些「煮煮飯、打掃打掃環境」的事又沒有工錢……

一開始，爸爸還挺熱心地三天兩頭催媽媽做決定 —— 其實就是希望媽媽到自己身邊，而媽媽卻遲遲不做答覆，爸爸的電話漸漸少了，後來，就離婚了。

最初，媽媽是堅決不同意的，因為自己並沒有做錯什麼，自己還為了支持爸爸付出了很多，憑什麼現在爸爸發達了就要和自己離婚！而且，這樣在鄉里會被人瞧不起，又會失去有力的經濟支持……

可是，抵不上爸爸不理、不聯絡的冷漠和爸爸唯一的條件——「要麼來和我一起生活，要麼離婚」，媽媽的確覺得很難再到爸爸所在的地方去生活，還是自己熟悉的鄉下生活和人情世故讓自己安心。於是，媽媽開出的條件是：孩子的一切費用爸爸承擔（包括教育、衣食住行、參加各種培訓、將來上大學、將來結婚的費用、買房買車等），一次性付給媽媽一筆鉅款，讓孩子在市區買間房，將來好到市區讀書（房屋權狀上是媽媽的名字）……

爸爸都答應了。

可是，離婚後，爸爸的家人卻三天兩頭找上門來生是非，說憑什麼離婚了給前妻那麼多？憑什麼自己家人都沒見他給過什麼好處？非要媽媽分點好處，否則就會一直鬧下去……

媽媽很惱火，覺得難怪前夫對他的家人這麼絕情，原來他們根本就不通情理，本來自己還覺得前夫有點太絕情，現在倒替他感到難過，想想他原來這麼多年是怎麼過的，就覺得他很不容易，對他的同情又增加幾分，對他非要自己去和他一起生活的堅決又多了幾分理解，開始懷疑自己的決定是不是錯的，因為這樣鬧下去，自己的日子也不好過……可是，覆水難收，自己又能怎麼辦？只有盼著孩子快快長大，好好讀書，將來能離開這個地方，自己也能和她一起離開。

於是，媽媽對S悉心栽培，凡是她想學的，媽媽都會不遺餘力地支持，媽媽也相信爸爸曾經提到的「人要出去見世面」，於是，寒暑假媽媽都會陪孩子外出旅遊。後來孩子大了，她更願意和同學一起旅遊，媽媽就讓她和同學一起去，自己就在家等著，學校策劃的「遊學」專案，只要S想參加，媽媽就一定支持……其實，媽媽是希望透過這樣的方式讓身在鄉下的S，也能得到跟爸爸一起在大城市生活一樣的機會和栽培，這也是媽媽對自己當年錯誤選擇的一種補償。

S就是藉著這樣的機會到爸爸的家鄉去尋找自己的「根」的。

可是，讓S驚訝的是，爸爸的老家因為經歷都更，已經找不到任何人了。

S站在一個小山坡上，眺望四周的群山，聽著各種山林裡才會有的聲音，盡力去感受爸爸當年的生命軌跡、成長心路……

返家後，S在網路上努力尋找爸爸的蹤跡，終於找到了爸爸的聯絡方式，她跟爸爸取得了聯絡。在後來的通訊中，S得知了爸爸很多資訊，包括爸爸的成長歷程，爸爸媽媽的相遇，爸爸媽媽的分開，爸爸現在在做的事，爸爸的理想抱負，爸爸的人生觀價值觀人生信仰……

S覺得在爸爸媽媽的故事裡，誰都沒有錯，他們都是在做自己認為最好的選擇，只是，事情就這樣發生了，出於各種原因。

S開始反思自己的人生，自己要怎樣活著呢？是像爸爸那樣為了追尋夢想，不惜一切代價直到成功？還是要像媽媽那樣希望透過成為「誰的誰」而獲得成功呢？……

後來，一次偶然的機會，S 了解到刺青，覺得這很美，就想在自己身上嘗試，可是，又覺得要是刺在很顯眼的地方，可能會帶來很多麻煩，所以決定刺在非常私密的地方。在選擇刺什麼時，S 一眼就看中了「黑天鵝」。

刺青師在跟 S 交流的過程中，細緻地了解了 S 刺青的意圖和選擇圖案的寓意。

S 覺得這才是正確的開啟方式 —— 藝術應該是貼近人心的創造和表達，刺青是一種對自身的修飾和表達，刺青師應該在刺青之前細緻地了解客戶的動機，而不應該是僅僅為了賺錢就不管不顧地刺上去。

當然，考慮到亞洲的主流文化和現在的環境以及自己將來的學業和生活，S 選擇在很私密的地方刺上自己喜歡的圖案。

至於「黑天鵝」到底是什麼寓意，S 說：每個人都會有自己的理解，自己做不做解釋都不能左右他人的想法，至於大眾的理解，那既然是約定俗成的，自己也沒必要去多說什麼。

【給家長的建議】

1. 孩子在我們看不到的地方成長

「孩子在我們看不到的地方成長」，我們能做的就是做好我們自己，營造一個好環境。

案例中 S 在外人面前是「好孩子」、「好學生」，一副中規中矩的樣子，但是她的內心卻充滿疑問，對自己的父親、對自己的家庭、對生命的思考……而這些疑問和思考正是一個「人」的誕生。

當然，這些也讓父母感到手足無措，因為有些問題是父母無法給出答案的，有些問題是父母自己也很難面對的。

所以，父母不必對孩子的每一天都瞭如指掌，誰都做不到，也不必為此而抓狂和焦慮，父母只需要做好自己，為孩子營造一個好的環境就可以了。具有成長原動力的孩子自己會去找尋自己的使命、探尋生命的意義。

2. 承認自己有局限，接納自己，才能給孩子一個好的環境

案例中，媽媽能夠對 S 開誠布公，因為她意識到在自己的婚姻中，自己有很多限制，不管是自己的「私心」還是自己的

「好逸惡勞」，這遠比很多離婚的媽媽強得多。

能承認自己作為一個「人」的局限，承認自己的不足，是對自己、對身邊最親密的人的最大負責。

而爸爸對自己人生的檢討和反思，不僅彌補了自己常年不在孩子身邊造成的「關係的缺失」，而且也替孩子樹立了一個「積極向上」、「努力追夢」的正面形象。當然，爸爸也沒有文過飾非，沒有將婚姻的解體一味地推卸給媽媽，他也承認，自己無法放下對家人的怨念，不能妥協，沒有做更多的努力來挽救婚姻……

只有接納了自己的局限，才能接納別人的不足和限制，才能給家人一個寬鬆的環境。

【給孩子的建議】

1. 放下為父母負責的想法，成為自己就是對父母最好的負責

很多孩子基於本能，竭盡全力做「父母滿意的好孩子」，但是，沒有人是為了別人而出生的，任何人都沒有「承擔別人生活」的責任和義務。

父母有他們自己的人生，他們要對自己的人生負責，我們

也是。我們對父母最好的負責就是：成為我們自己，承擔相應的責任，享受其間的美好。

2. 找到來路，只是開始，更重要的是探索去處

哲學三大問：「我是誰」、「從哪兒來」、「到哪兒去」。

其中「從哪兒來」，既可以看到「我是誰」的部分原因，也是生發出「到哪兒去」的部分根源。

但是，我們最終還是要面向未來，去探索「自己最終會成為誰」。

所以，過去的一切是我們的成因，但並不能決定我們最終成為什麼樣的人。決定我們最終成為「什麼樣的人」的還是我們面向未來的努力，當下的付出。

第十七章　歡迎來到我的魔幻世界
—— 缺乏現實感的孩子

P 是班導師介紹過來的，因為他在班上「上課睡覺」、「下課打架」、「捉弄女生」……

「屢教不改！」

P 坐到我面前時，我看到的是一個高高大大的男生，滿臉青春痘，戴著牙套，深陷的雙眼好像嚴重缺乏睡眠一樣。

現年 15 歲的 P，8 歲時父母離異，P 就跟著媽媽一起生活。因為媽媽說：爸爸不要你。

離婚時，爸爸淨身出戶，留給 P 和媽媽一間住房。媽媽卻帶著 P 到了另一個城市生活，只是每到週末會回到有房子的城市住兩天。

媽媽說，離婚時，自己一分錢都沒有，但是不能讓孩子吃苦，於是，媽媽在幾家企業同時做財務工作，沒日沒夜地工作。因為沒有時間照顧 P，P 從小就被送到學校寄宿。媽媽為了工作方便，買了一輛車，四處奔波。母子大概只有週末一起到有房子的城市相聚才會見面。

週末的時候，媽媽會把房子打掃得乾乾淨淨，讓兒子有一個整潔的生活環境。

同時，媽媽又因為非常疲憊，常常會躺在沙發上，一動也不動。

媽媽為了鍛鍊兒子，讓他自己一個人去做很多事，比如：讓年僅 13 歲的他自己一個人坐車到外縣市的大醫院去看牙，掛號、等候、跟醫生談病情、從醫生提供的治療方案中選擇決定如何治療、約定以後的治療時間、獨自面對恐怖的牙醫設備、接受治療、取藥、獨自坐車回家；再如：跟兒子約好一個見面地點，自己開車過去，讓兒子自己搭公車過去……

有時候，P 的表現讓媽媽很驕傲，因為當別人家的孩子還什麼都不會時，P 就可以獨自一人做飯、洗衣、照顧好自己的生活，不讓媽媽太為他操心；可是有時候，P 的表現又很讓她失望，比如：有一次母子倆去逛超市，到地下車庫去牽車時，P 說，自己先到門口等媽媽，讓媽媽獨自去牽車，結果，P 迷路了，媽媽等了好久也不見 P 出來，又聯絡不到 P，正在媽媽焦急萬分時，P 借了超市保全的電話打過來。媽媽載著 P 回家的路上情緒非常糟糕，不斷咒罵，還用力地搖晃汽車的方向盤，像是要讓汽車撞毀一樣，P 嚇壞了，後背緊緊地貼著座椅，渾身僵直。

P 在寄宿學校結識了一些「壞朋友」，「壞朋友」帶著 P 去「冒險」—— 到學校附近的雜貨店「偷東西」。被抓住後，「壞朋友」全賴在 P 身上，因為「壞朋友」回家會被家長打死，P 就莫名地「滿懷都是贓物」。被媽媽帶回家以後，媽媽咆哮、慟哭，要用剪刀剪掉 P 的手指……

事後，媽媽會替 P 塗藥水，會撫摸著 P 的頭，會歷數自己的不容易，會將 P 擁進懷裡痛哭……

P 小時候生病，住院兩週，爸爸一次都沒有去看望過。那次生病的結果是，P 留了一級、爸爸媽媽離婚了……

P 不記得自己小時候的很多事，只有零星的記憶。

P 記得自己小時候常常跟不同親戚一起生活，反而跟爸爸媽媽、爺爺奶奶在一起的生活記憶很少。

從小在各個從沒見過面、一見面就會被帶走的親戚之間「流轉」成了 P 的常態。

在各種親戚間「流轉」的生活，要小心；寄人籬下的日子，要謹慎。親戚有時候會「不懷好意」地問爸爸媽媽、爺爺奶奶的事，P 不知道該如何回答；親戚的各種表情，讓人費思量：

「他們到底喜不喜歡我呢？」

「他們到底怎麼看爸爸和媽媽的事呢？」

「為什麼我總是要在親戚家生活，而不是跟自己的爸爸媽媽、爺爺奶奶一起生活呢？」

……

寂寞的童年，記憶深刻的還有爸爸媽媽的爭吵，P 常常聽到爸爸媽媽為了自己的事而爭吵，以致 P 覺得父母離婚是因為自己，「要是當初他們讓我選是跟爸爸還是跟媽媽的時候，我不選，他們就不會離婚了」，P 堅信不疑。

父母離婚後，P 隨著媽媽離開了爸爸所在的城市，到另一個地方生活，據說是媽媽的故鄉，可是，在這裡，也只有媽媽和 P。後來，P 一直住校，「家」也就只是對一棟房子的稱呼而己。而且，每到週末，媽媽總是讓P搭車回到爸爸所在的城市，因為那裡有爸爸留給他們的房子。

媽媽會自己開車回去，她會把房子打掃得很乾淨，但是她也會很累，等P搭車到家時，媽媽常常已經歪在沙發上睡著了。家裡非常安靜，P就會用媽媽的手機玩遊戲、看漫畫，等著媽媽睡醒。

媽媽常常教育P不要跟壞小孩交往，要記住國小時被「壞朋友」陷害的事。P時刻警惕，不讓自己被「壞朋友」陷害。

P常常想不明白，為什麼那個「壞朋友」要陷害自己，自己平時也沒得罪他。

P也常常搞不明白成年人的世界。

有一次，P到市區看牙，在車站轉車時，有個「大哥哥」跟P說，他的手機沒電了，想用P的手機打個電話給朋友，還說，別擔心，他把自己的手機給P拿著作抵押，P就不用怕了。P把自己的手機借給「大哥哥」，結果，「大哥哥」一邊打電話一邊往外走，越走越遠，消失不見了。P不敢到處走，怕那個「大哥哥」回來找不到他，結果，等了好幾個鐘頭，過了中午，還不見那人回來，P才意識到，自己被騙了。P非常生氣，覺得大人不應該騙小孩子，還害得自己在那裡等了半天時間，連看牙也耽誤了，媽媽的手機也被他騙走了……

「他真是個很壞很壞的人！」

P還記得自己在親戚間「流轉」時，「姍姍姐姐」常帶自己去街上的遊戲廳打遊戲，而她自己卻不知道到哪裡去了，就把他一個人留在遊戲廳裡。他打完遊戲，沒有錢，「姍姍姐姐」又沒有回來，他就只好在遊戲廳裡等著她，有時候會等很久……

遊戲廳裡是很熱鬧的，但是，對於P而言，卻只有深深的孤獨感，因為一個人都不認識，也沒人理他，他不知道該幹嘛……

身邊真的沒什麼人值得信任，P只好看漫畫，看日漫，對各種怪物題材的漫畫、日漫、電影感興趣。

那些怪物題材的作品總是能帶給P奇怪的興奮和滿足感，似乎它們的世界有著一套奇怪的法則，既怪異又非常有能量。那些怪物們都有著怪異的身世，都遊走在正常社會的邊緣，渴望被接納，人們既畏懼它們又拒絕它們……每次看了這些，他非常興奮，身邊卻沒有人可以一起談論。

「我最怕媽媽瘋了！老師，您說，我媽媽會瘋嗎？」

這是P最常問我的話，每當他陳述一段發生在他們母子之間、以媽媽的情緒失控作為結局的事件之後。

P的媽媽跟P的爸爸感情一直都不穩定，P爸爸是被爺爺奶奶溺愛長大的，雖然長成了生理上的成年人，心智上仍然不能擔當起一個丈夫、一個父親的角色，負起相應的社會責任。

P的媽媽是家中最小的女兒，她出生時，P的外婆已經50多歲，媽媽的哥哥姐姐都紛紛長大成人，各自分家單過了。

P 的媽媽表面上看是和自己的媽媽一起度過了童年，但是這「媽媽」也太老了，感覺上就像是自己的外婆一樣。

那時，P 的外婆身體已經很不好了，也沒有奶水，家裡經濟條件也不好，所以，據說 P 的媽媽從小沒有吃過一口奶，是吃米湯長大的。加上，哥哥姐姐時不時地會將各自家庭的矛盾帶回家，給 P 的外婆增添了很多煩惱，P 的外婆常常發脾氣，情緒非常不穩定。

這對 P 的媽媽造成了深遠的影響。

由於外婆的情緒不穩定，P 的媽媽從小就生活在不夠安定的環境中，時時處於緊張焦慮之中，因為並不知道下一刻，外婆是高興還是不高興。P 的媽媽要時時關注外婆的情緒狀況，要負責照顧外婆的情緒，為外婆的情緒「保底」，要使外婆的情緒好轉……

原本是需要別人照顧的小孩子，卻肩負起照顧成年人的責任，P 的媽媽基本上就沒有一個普通小孩的童年體驗。所以，P 的媽媽一直都想找到一個可以帶給自己安定感的人，她想找到一個情緒穩定、能為她「保底」的人，她累了，她不想再替別人「保底」了。

但是，P 的爸爸並不能帶給她這樣的滿足，他自己還是個「孩子」，他還想找個「媽媽式的老婆」來照顧自己，又怎麼能夠替別人「保底」呢？

於是，彼此失望的兩個人生活中總是充滿了對對方的抱怨、指責、攻擊、謾罵，將所有的責任都推卸到對方身上，涉及孩子的問題時更是如此，總覺得是對方做得不夠好……

這無疑給 P 帶來巨大的困擾。

父母離異後，經濟壓力使媽媽常年忙於生計，對 P 的生活疏於照顧，更不能給予 P 穩定的情感支持，還常常將自己生活中的問題、情緒問題轉嫁到 P 的身上，使自己的童年經歷在 P 的身上重演，使 P 也非常困惑於理解別人的情緒和情感，不知道下一刻別人的情緒狀態是怎樣的，不理解「為什麼人是如此反覆無常，不值得信任」。

於是，現實生活如此荒謬、怪誕，P 就只好退回自己的內心，退回漫畫、電影構成的虛幻世界中，在那裡至少 P 能找到一些解釋、一些答案、一些慰藉 —— 世界為什麼是這樣的？人為什麼如此不可信？人為什麼如此反覆無常？……

同時，P 也存在包括情緒管理問題在內的一系列問題，以致影響到他生活中的各方面，所以才會出現班導師描述的各種問題。

他不是不想按照老師說的去做，他是真的做不到！

【給家長的建議】

1. 療癒自己的心傷，成為更加「適愜」的自己

我們在社會上生活，自然要扮演很多社會角色，包括子女、配偶、父母、同學、同事、朋友、下屬、主管、合作夥伴……我們都希望去嘗試，我們也希望都能夠勝任。但是，能否勝任不僅僅看我們是否努力了，還要看我們是否具備這樣的能力。而這些能力有不少是要在我們過去的人生經驗中尋找根據和支持的。

每個人的成長都像蝴蝶一樣必須不斷經歷「蛻變」的過程，要在生活的歷練中不斷受挫、不斷學習，因此，沒有不受傷的童年，沒有無挫折的人生。

關鍵是，我們自己可以決定的部分，我們是否肩負起了自己的責任 —— 對自己負責，首先療癒好自己的「心傷」，成為更加「舒適愜意」的自己。只有當我們照顧好自己，我們才有能力去照顧身邊的人。

所以，建議家長任何時候都不要放棄個人的成長，不斷強健自己的身心，成為「適愜」的自己，是幸福生活的開始。

2. 停一停、想一想再行動

我們的情緒是可以被我們的意識調整的，關鍵就在於，遇到事情，不馬上做出反應，而是先「停一停、想一想」，然後「再行動」。

「衝動是魔鬼！」

「不要在情緒不穩定時做出決策！」

「三思而後行！」

無論古今中外，不少名言都告訴我們，遇事要冷靜，要在平靜的時候，經過反覆思考再做出反應，盡量避免出現讓自己後悔的決策和行為。

當我們情緒很激動時，我們可以透過離開使我們情緒激動的環境和人、深呼吸、找人傾訴等方法，使自己「理智回歸」。

3. 不要讓孩子無所適從

孩子的身心健康很大部分都源於父母的照顧。

「穩定的情緒」是父母送給孩子的「幸福錦囊」。

情緒穩定的父母，有更大機率養育出情緒穩定的、健康的孩子。

當父母情緒不穩定、變幻莫測時，孩子就會無所適從。他們會一直處於緊張焦慮之中，隨時準備迎接來自父母的「天意不可測」的「雷霆之怒」，並且也難以建立世界是安全的觀念，他們很可能會覺得世事難料、人心難測。這對他們今後建立親密關係會造成非常大的困難。

所以，為了孩子的終生幸福，家長不要像變色龍一樣變幻莫測，對自己的情緒和處事態度不加以控制，做家長的不能「隨心所欲」。

【給孩子的建議】

1. 建立自己的支持系統

我們每個人都來自家庭，但我們每個人最終都將離開家庭，走向更加廣闊的世界。因此，我們需要建立除了父母、家庭之外的自己的支持系統。

每個人生階段我們都會遇到很多人，求學階段的同學、工作階段的同事、住得很近的鄰居、共同興趣愛好的朋友等，他們都是我們可以甄別、挑選的對象，都是我們可以獲得支持的力量泉源。

不要害怕被拒絕，不合適就找下一個。世界這麼大，總有喜歡我們的人會出現。找到可以和我們同甘共苦的好夥伴，就是在建立自己的支持系統，就是在替自己那不確定的人生「買保險」。

2.「上帝的歸上帝，凱薩的歸凱薩」

有人說：人生除了眼前的苟且，還要有詩和遠方。

《聖經》裡也提到「上帝的歸上帝，凱薩的歸凱薩」。

說的意思都一樣——人除了物質生活，還需要有精神生活。

當我們的現實生活並不如意時，我們可以在精神世界尋找片刻的安寧。

當我們沒有「完美的家長」（這世上原本也沒有「完美的家長」這種生物存在）時，那我們就接受那「不完美的家長」（這才是生活的真相）。既然我們自己都有各種問題，我們又怎麼能要求我們的父母是「沒有問題」的呢？

我們要將向下的目光抬起來，看看更高、更遠的地方有什麼是我們可以去追求的，有什麼方法可以使我們擺脫當下的困境。

有的時候，有希望、有目標，我們的生活就會變得非常不同，再苦再難也變得不是那麼不可以接受了，我們可能就會有更多的勇氣和力量去面對自己生活中的種種問題。

3. 尋求專業的幫助

專業的幫助有時候會發揮身邊的親人、朋友無法產生的作用，當試過種種方法都不行時，不妨尋求專業的幫助。

第十八章　他們憑什麼這麼對我
—— 情緒失控的孩子

「叮叮……」手機響了。

我接起電話：「你好……」還沒等我說完，就聽到三年級主任急切的聲音：「譚老師，你馬上到我辦公室來一下，有個學生簡直控制不住了！馬上！」

聽罷，我馬上起身，朝三年級教學區快步走去，邊走心裡邊想：三年級主任P是個年富力強的中年人，平時也給人一種很沉穩的感覺，今天這樣火急火燎，看來確實是有些情況。

還沒到P的辦公室，就聽到裡面有人咆哮，聽起來是個女生。

外面圍了好多人，有學生面面相覷、滿臉狐疑，有學生面露喜悅、激動的神色，有的顯得很緊張，有的卻是一臉不屑……教師們則有的面無表情，有的很焦急，有的很憂慮，有的一臉驚訝……這時也有教師在驅散圍觀的學生，讓他們回到自己班級教室……

「憑什麼！憑什麼！他們憑什麼這樣對我！」

……

看著眼前這個安安靜靜的女學生F，與剛才那個聲嘶力竭咆哮的「悍婦」，完全對不上號。

「妳能告訴我，剛才發生了什麼事嗎？」

她抬起眼，望著我，有些失神，似乎不知道我在說什麼。

我回想起她剛才的咆哮：「憑什麼！憑什麼！他們憑什麼

這樣對我！」似乎遭受了很不公正的對待，她要控訴。

她要控訴什麼呢？他們又是誰呢？

是什麼事讓她如此憤怒，不能忍受呢？

班導師說：F平時與班上幾個女生關係很好，經常是做什麼都一起行動，不管是上廁所還是吃午飯。可是最近，F的爺爺去世了，F請了一個星期的假，回來後，就有些變化。剛開始，班導師想：家裡發生這樣的事，是誰都需要一段時間冷靜、過渡，就讓那幾個女生多勸慰一下。誰知道，F跟其中一個女生鬧翻了，兩人大打出手，互相掀桌子，F還把周圍的桌子都掀了，然後還跑到女廁所燒同學的筆記本，據說還要從女廁所的窗戶跳樓……強行被拉回班導師的辦公室後，她就說：那幾個女生針對我……

班導師真是一籌莫展，不明就裡……

F的爸爸是家裡的小兒子，從小被爺爺奶奶一味溺愛，哥哥姐姐很是覺得不公，但也沒辦法。有的欺負他，有的在旁邊看著，有的躲到一邊去……總之，哥哥姐姐沒一個會幫他。

後來，哥哥姐姐長大結婚分家，爺爺奶奶還是一味偏袒F的爸爸，說自己以後老了，就靠F的爸爸養老送終，所以要多留給他一些，就把田產、老房子、山林等都留下了，哥哥姐姐什麼都沒得到。兄弟姊妹之間的關係更加不好。

F爸爸也覺得很委屈，爸爸媽媽對自己偏愛，是自己無法改變的事，可是，哥哥姐姐卻找自己的麻煩。F爸爸也覺得很不公平，可是又能怎麼辦呢？加上父母的溺愛，F 爸爸也真的沒什麼出息，早早輟學，在社會上晃蕩，學會了抽菸、喝酒、打牌，不務正業。

哥哥姐姐正好有了藉口，四處說父母溺愛弟弟，結果弟弟沒出息，好吃懶做，遊手好閒，父母還一味地繼續溺愛。

F 爸爸後來就離鄉工作，到工地上做泥瓦匠。

後來經人介紹，認識了 F 的媽媽，兩人就結婚了。婚後，F 爸爸繼續在外地工作，F 媽媽就留在老家照顧爺爺奶奶、照顧家庭。

F 媽媽慢慢了解到 F 爸爸的家庭狀況，她想化解矛盾，畢竟丈夫常年在外，這日子還是自己在過，如果自己不把它經營好，吃虧受苦的還是自己和孩子。透過 F 媽媽的努力，有幾個嫂嫂覺得雖然小叔不成器，但是這個弟妹還是很懂事的，於是幾家人關係也不再像過去那樣劍拔弩張，緩和了一些。

F 從小跟媽媽在老家生活，爸爸很少回家。據說在當泥瓦匠能賺不少錢，但是，也沒見爸爸給家裡多少錢，每年過年的時候才能見上爸爸一面。即便爸爸回來了，但經常到了吃飯的時候，F 會被媽媽安排去把爸爸從牌桌上叫回家吃飯。

F 既喜歡爸爸又討厭爸爸。喜歡爸爸是因為爸爸從不會說她，總是對她很和氣，很好，無論 F 要什麼，只要爸爸身上有錢，就會買給她。討厭爸爸是因為，爸爸經常不在家，有時候，媽媽遇到一些難題，只能自己扛，F 覺得媽媽很辛苦，而且爸爸就算在家也不會幫媽媽什麼忙，只會打牌，還經常輸錢。

後來，F 漸漸長大，聽到一些閒言碎語，知道爸爸和伯伯伯母、姑姑姑丈的關係一直不好，才漸漸明白為什麼每年過年，大家都來爺爺家過年時，伯伯伯母、姑姑姑丈經常會怪腔怪調地說些「顏色話」，比如：「妳爸爸今年賺了多少錢呀？」「為爺爺奶奶買了什麼好東西孝敬他們呀？」「將來準備送妳出國留學，存了多少錢呀？」……爺爺就會喝斥他們，弄得大家不歡而散，F 的堂親也對 F 不冷不熱的。爸爸就更加不願意跟大家一起過年，經常出去打牌。

F 也問過媽媽到底是怎麼回事，媽媽只說了個大概，也不願讓 F 了解太多，讓他跟親戚把關係搞僵。

可是，F 覺得「爺爺奶奶對爸爸好，是爺爺奶奶的事」、「爸爸不會過日子、不存錢是自己家的事」，伯伯伯母、姑姑姑丈他們憑什麼對自己和媽媽指手畫腳的，憑什麼要將他們與爺爺奶奶、爸爸之間的問題在自己和媽媽身上借題發揮。家都分了，各人過各人的，過好自己的日子才是王道，別管別人過得怎樣。這群大人真是閒得慌，有時間就去管好自家的人，那幾個堂親也不是個個都優秀得可以光宗耀祖呀，這一輩當中，只有 F 的成績好一些。

媽媽也常常跟 F 說：「別去管他們，爸爸經常不在家，自己要過好日子，就不要去跟他們計較，那些只會計較這些芝麻綠豆小事的人一輩子也難成氣候。再說，不管爸爸怎樣，他還是妳的爸爸，妳還是要對他好，而且他也很愛妳，對妳很好，沒有對不起妳。」

可是，F 有時候會想，要是爸爸不打牌、不輸錢，自己家就會更有錢一些，就不會被他們說成是靠爺爺奶奶的錢在生活，自己也就會在那幾個堂親間抬起頭，不被他們說成像小偷一樣。

這次，爺爺過世，爸爸從外地趕回家。原本，他「繼承了家業，負責養老送終」，那他就應該主動承擔相應的責任，處理一切事務，可是，他還是一回來就在牌桌上不下場，弄得媽媽忙裡忙外，還因為忙中出錯，被周圍的閒人取笑。

媽媽難得地衝爸爸發了火，讓他擔負起兒子該做的事，不要讓她這個媳婦承受太多壓力，難以應付。

爸爸無動於衷，依舊在牌桌上酣戰。

媽媽見爸爸真的指望不上，就不停地催促 F 做各種事。伯伯伯母、姑姑姑丈他們，也只是勉強到場而已，並不幫忙，還有一搭沒一搭地在旁邊冷嘲熱諷。

媽媽急得躲進裡屋哭了好幾次，F 看在眼裡，卻無處使力，除了拚命地幫媽媽做各種事，招呼不斷前來祭奠的人，抽空安慰媽媽，催媽媽抽空去吃點飯、躺會兒之外，F 真的覺得自己很沒用。

爺爺入土為安之後，涉及分祭帳的事，伯伯伯母、姑姑姑丈他們吵個不停，有的說「這是我的親戚拿來的，該我拿回去」；有的說要把剩下的重新分一下；有的說爺爺已經死了，家產應該重新分配一下；有的說大家都是奶奶的兒女，奶奶應該由大家輪流贍養，家產應該平分……

而爸爸卻一直不見人，原本早就跟他說過伯伯伯母、姑姑姑丈他們要來說重新分家的事。可是，爸爸一早就出了門，幾天不著家。媽媽又氣又急，讓F到處找。F找遍了平時爸爸會打牌的地方，都不見爸爸的身影。最後，F在一家賭場找到了爸爸。不管F怎麼說、怎麼勸，爸爸就是不回家，還說什麼「隨便他們，反正我也根本不想要，免得他們一天到晚說是非」……F簡直要崩潰了，最後，F忍不住，在賭場裡哭著大喊：「爸！爸！爺爺死啦！你醒醒吧！」

最後，爸爸還是沒回家，伯伯伯母、姑姑姑丈他們重新分了家，而且明顯不公平，他們的藉口是，以前爺爺在時，F一家就占了很多好處，現在這樣分，是把過去F爸爸占的部分扣除了再分的，其實是很公平的……

媽媽已經哭累了，也不想再跟他們理論，就坐在角落裡，安安靜靜的……

F急得不知道該怎麼辦，剛要插兩句，就被伯伯伯母、姑姑姑丈他們喝斥：「妳個小孩子懂什麼！別在大人說話的時候插嘴……」

F想衝過去理論，卻被伯母、姑姑拉著……

媽媽見她們在拉F時藉機打F，瘋了一樣衝過去要跟她們拚命，她們才住了手。媽媽揚言，要是他們再逼，她就一把火把房子燒了、把山林燒了，大不了去坐牢……

伯伯伯母、姑姑姑丈他們這才悻悻地撂下一句：「妳敢！我們等兩天再來說。」然後一群人這才離開。

F請的假時間到了，想留在家裡，因為她不放心媽媽，怕那群餓狼一樣的人再來找媽媽麻煩。

媽媽堅持讓F回學校讀書，說：「妳看，就是這樣了。我們只能靠自己，妳只有透過讀書替自己找到一條出路，不能再在這裡這樣窩囊地生活下去。妳已經耽擱一週時間了，現在是國三，耽擱不起，妳馬上回學校好好讀書，爭取考上最好的高中，以後考上好大學，離開這裡，去過靠自己的雙手爭取到的生活，再也不受任何人的氣……」

媽媽讓F放心，說那群人其實並不敢真的做什麼，只要F好好讀書，媽媽什麼都應付得了……

F返校了，心還在家裡，每天一通電話打回家，還是不放心，心思很難放到課業上，成績下滑嚴重。

班導師讓同學來關心F，F既沒心思跟她們說太多，也很難跟她們好言好語，結果，其中有一個人就受不了了，覺得自己真是吃飽了撐的，跑過來關心F，還被F以這樣的態度對待，於是兩人就發生了口角。爭吵中，F得知同學們的關心是班導師的安排，就覺得自己受騙了，覺得自己被同學看不起，她們並不是真心關心自己，而是為了在班導師那裡得到好的評價，自己並不稀罕她們的假情假意，她們這樣做就跟自己那群假仁假義的親戚一樣。

加上最近經歷的創傷性事件，使F的情緒突然失控，F在一瞬間爆發，分不清現實與想像，將「此時此地經歷的事」與「當時彼地的感受」連成一片……

在情緒失控的情況下，F的行為看起來也是失控的、不計後果的、「失去理智的」，但實際上，F的行為基礎就是：只要能讓自己感覺到安全，能夠感受到她可以保護自己，她能夠阻止危險事件的發生或者降低危險帶來的傷害……這一系列的行為反應沒有大腦皮層的參與，僅依靠邊緣系統在運作。這就是一種創傷後的緊迫反應。

【給家長的建議】

1. 保護好自己的孩子，不要讓他們經歷太多強烈的創傷事件

人的成長過程就是不斷地經歷和修復創傷的過程，但是，劇烈的創傷事件對人產生的影響是終身的，有的甚至是不可逆

的，很可能會改變孩子一生的命運。

當我們經歷重大的創傷事件時，我們的大腦及其工作的模式都會發生改變。這種改變會使我們在今後的生活中遇到種種難題時，無法像普通人一樣思考和反應，使我們成為「病人」。

人類社會並不像我們希望和想像的那樣充滿脈脈溫情，其間也充滿各種競爭、傷害、罪惡。當這些赤裸裸地發生在我們面前時，即便是成年人，也會感受到巨大的壓力、難以承受，何況是生理和心理都未成熟的孩子，這樣的衝擊對他們而言必然會帶來巨大的刺激和傷害，在他們尚未穩固的內心世界裡，必須建構起一套應對的體系來保護自己，這就是他們今後再次應對類似事件時的模式。而這種模式很多時候會帶來負面影響，並阻礙他們繼續獲得良好的發展。

所以，盡量不要讓孩子暴露在創傷性的環境裡，比如家庭暴力、身體虐待、情感虐待、性虐待⋯⋯

2. 因為孩子，家長要變得更加堅強

什麼使人成長？

答案是：責任。

當我們不需要對他人負責時，我們是最自由的，也是最渺小的；而當我們需要對他人負責，為他人考慮很多時，我們雖然很可能失去了部分自由，但是我們卻因要肩負對他人的責任

而變得很偉大、變得需要盡快成熟起來。所以有「窮人的孩子早當家」一說，因為要「當家理事」，自然需要成熟起來。

當孩子因我們而來時，我們理所應當地要對他們負責，要學習去面對過去可以逃避的責任和問題。孩子來到這個世界，需要父母的全情投入和保護，沒有這些，孩子不可能得到健康成長的機會。

所以，無論我們需要去面對什麼，當你想到你有孩子，他需要你為他提供保護、照顧、支持時，你就會有責任感，你就會開始學習長大成人、學習堅強地去面對生活中的一切。

3. 藉助社會力量解決生活中的困難

案例中涉及的家庭財產糾紛大可以透過法律的途徑得到解決。依靠法律，就可以減少很多不必要的麻煩和持續的壓力。而這些問題的解決，可以直接幫助處於困境中的家長和孩子。

所以，遇事不要僅憑一己之力，更不要透過以暴制暴或者犯罪的方式解決問題，而是要靈活地透過多種管道獲得幫助。

同樣地，經歷了劇烈的創傷性事件，無論是家長還是孩子都需要專業的心理幫助。

【給孩子的建議】

1. 遇事要學會積極地尋求幫助，不要獨自應對

「沒有人是一座孤島」，我們在這個世界上，跟整個世界都在產生連繫。所以，當我們遇到困難時，也就是整個世界的一部分遇到了困難，我們當然有必要也有權利去尋求幫助和支持，世界也會給予我們相應的幫助和支持，因為這就是它的自救。

所以，不要覺得別人無法理解自己，不要放棄自己和別人的連繫。

當我們能夠向別人尋求幫助時，不是在顯露我們的脆弱，而是在彰顯我們的勇氣 —— 勇於承認我們自身的局限，勇於承認我們每個人都一樣脆弱，都可能遇到困境，需要幫助……

所以，遇到困境是人生路上再正常不過的事，是我們學習、成長的機會和必經之路。不要害怕，不要恐懼，學習慢慢放鬆自己，學習向他人求助，學習在經歷中感受、體會，慢慢成長。

2. 允許自己「失控」，允許自己「犯錯」

人類會演化到今天的程度，不是因為我們不犯錯，而是因為我們會在犯錯後總結，不斷地從自己和他人的錯誤中學習，

獲得經驗，獲得更多的智慧。

所以，允許自己犯錯，允許自己有時候犯傻，只要我們能從中學到一點什麼就好。

3. 成長路上，結伴而行

有首歌叫〈越長大越孤單〉，描述的是人在成長的過程中，好朋友漸行漸遠，越長大越孤單。

人生的每個階段我們都會與一些人結伴而行，也會在這一段人生旅途結束時與他們揮手告別，進入下一段旅程，與另外一群人結識。

所以，我們一路會結識很多好朋友，有的會與我們同行一程，有的可能會成為我們終生的好夥伴。

因此，感謝過去的朋友在我們的生命中陪我們一起經歷，現在的朋友善加珍重，也許他們會是一生的朋友，要對未來的朋友充滿期待。

朋友是一時的，還是一生的，就要在經歷中去鑑別，所以，不要怕朋友之間產生矛盾、誤解、衝突，這些「磨難」才正是友誼的試金石。

但是，不必為了試驗友誼而故意製造矛盾。

所以，有矛盾、誤解、衝突很正常，不要害怕，重要的是，我們要明白：人生路上需要朋友，我們一定可以找到與自己匹配的朋友。

第十九章　有他沒我
—— 不想要弟弟的孩子

U 是朋友的孩子，聰明、乖巧、有禮貌、成績好。

U 媽媽找到我時，很不好意思。

「說起來慚愧。U 已經很好了，我對她很滿意。可是，我先生家是農村的，一直想要個男孩。他一直說服我再生一個。」

我沒說話，等著她說下文。

「我剛開始也不想的。你看我都 40 歲了，已經錯過了最佳生育年齡，U 也 17 歲了，已經上高中了。現在再生孩子，自己這關就首先過不去。」U 媽媽停了一會兒，像在組織語言，然後接著說，「可是，我先生是大哥，還有弟弟妹妹，弟弟妹妹家生的都是男孩。而且，就算弟弟妹妹的孩子再怎麼不爭氣、調皮搗蛋，害得家長操無數的心，連帶著我們這些做長輩的也跟著操很多心，可是，他們還是愛得像個寶似的。而我們的 U（說著，U 媽媽眼裡泛起淚光），不管她再怎麼努力，再怎麼優秀，回家也得不到一點讚揚。我真的也替她不值，我想爭口氣……」

我沉默。

U 媽媽繼續說：「我就想著，再生一個，要是個男孩，我也一樣可以把他培養得非常優秀，勝過他們家所有的孩子。我先生靠自己努力考上大學，出人頭地，在大城市打拚出了一片天地，而他的弟弟妹妹讀書都不行，早早輟學，一個個的生活都不穩定。弟弟在外地工作，常年不在家，孩子就丟給奶奶照顧，被他奶奶寵得不成樣子，不讀書，整天上網。妹妹在附近打零工，孩子柔柔弱弱，好像身體很不好的樣子，成績也不好。」

U 媽媽像陷入回憶。

「他們日子過得不好，我先生就照顧他們，不僅借錢給他們修房子，還把我們的房子半賣半送給了他們，還替他們找工作……我先生的父親過世早，我先生作為大哥，長兄如父，在家完全挑起了『父親』一樣的責任。他們的孩子出各種狀況，我們都像消防隊一樣，隨時待命。有時候，我想我在家也是大姐，我家也是農村的，我都沒有像他那樣照顧我的家人……」U 媽媽說不下去了，似乎覺得這樣說下去很不好。

她停了一會兒。

「現在的問題是，我已經懷上了，我們都很高興。可是 U 知道我們要生二孩時，非常激動，她完全不能接受，甚至說『有他沒我』。」U 媽媽轉向我，拉著我的手說，「我該怎麼辦？現在難道讓我去打掉？可是，U 又這樣強烈地反對，我怕她真的做出點什麼過激的事。」U 媽媽滿眼的委屈、焦急、無奈。

※　※　※

「我知道我媽是怎麼想的。」一見面，U 就直接丟擲一句。

「從小我媽就教我，要自立自強，要做到最好，要努力爭氣，不能讓人看不起。

我外公是村長，一輩子是個謹慎的人，從來大公無私，儘管為大家犧牲了很多個人利益，但還是有人說他的不是。後來，因為一些糾紛，村長職務被罷免了，他們那個年代，這是很丟臉的事。

我媽一直都很不錯的，成績也好，可就是因為家裡還有個妹妹要讀書，她就沒有讀高中，而是去考了個護校，否則她一定能上很好的大學。

她早早出來工作，貼補家庭，為外公減輕了很多負擔。可是，她還是對自己有很深的不滿，因為她覺得自己不是男孩子，哪裡都不如人，不過媽媽對我阿姨是很好的。有時候我甚至邪惡地猜想，也許正因為生的是個女孩，我媽才會對我阿姨這麼好，否則，要是個男孩，我媽可能會覺得在家裡她更沒有立足之地……

我媽這個人就是這樣，一輩子都想證明自己，想獲得別人的認可，想透過自己努力做到最好來獲得別人的愛。可是，這個世界並不是這樣的，不是因為你好，你就能得到所有人的喜歡，總有人會不喜歡你，就如同總有人會喜歡你一樣。

她有時候為了博得好名聲，違背自己的心願，結果自己很不開心。

有好名聲又如何！

比如我爸爸家那兩個弟弟，一個被奶奶寵成了混世魔王，一個被我姑姑管成了病秧子。她為了他們操了不少心，替他們找過諮商師、找過家教，出錢送去參加拓展培訓、親子訓練營，結果，還是沒什麼起色。

其實我早就知道沒什麼用，我跟這兩個弟弟都談過，他們並不覺得自己這樣有什麼問題。他們自己都不覺得自己需要去改變什麼，沒有動力，你一個外人做再多有什麼用，反而討人厭。

不過，我媽卻得到了好名聲。凡是知道這些事的人，都說我媽真是好得沒話說，一個嫂子、一個嬸嬸、一個外人，能這麼把婆家的事、弟弟妹妹家的事當成自家的事來精心地管，真是世間少有。

可是，我媽還是不開心，因為沒有達到她預期的好結果，那兩個弟弟並沒有什麼好的改變，好像她所有的努力和金錢都白花了，她覺得很不值。

有時候，她又會拿這兩個弟弟來教育我，說這兩個孩子沒什麼長進，妳要努力……

其實，我猜，也許這兩個弟弟一直不好，她才開心呢。這樣才能顯出她教子有方，她有本事，這樣才能在奶奶、姑姑面前揚眉吐氣。因為，她常常覺得奶奶對我們家很不公平。

我們家原來有一間房子，面積有點小，不夠我們一家三口還有奶奶四個人住，我們後來就重新買了現在的大房子。這樣，我們一家三口加上奶奶住著就比較寬鬆，原來那間就拿來出租，每年還是一筆不小的收入。可是奶奶跟爸爸說，我叔叔家經濟困難，想到市區工作，市區賺錢容易些，可是，租個房子就要花掉一大半的收入，反正我們那間房也閒著，不如賣給叔叔家，便宜點，反正大家親兄弟嘛。

我媽覺得前不久才借錢給叔叔家在老家新修了房子，錢還沒還完呢，他們又要到市區來住，那老家的房子不就白修了？還要讓我們家把房子賣給叔叔家，他們哪來的錢？還不是又得欠著？什麼時候還得清？

後來，房子還是賣給了叔叔家，基本上算是送的，連當初買的時候的本錢都沒要到，奶奶說是舊房子，又經過地震……反正就是一味地替叔叔家壓價，連本錢都沒收回。奶奶還真是偏心。

我有時候就想，為什麼奶奶要這樣呢？爸爸和叔叔都是她的孩子，而且我爸爸比任何人都爭氣、都有出息，為什麼奶奶還這樣偏袒叔叔家，對我爸爸這樣不好？

後來我想明白了，奶奶還把自己當成一家之主，覺得她的子女無論長多大，還是她的孩子，她有權操控他們的一切，包括他們賺的錢、他們的家庭等。於是她就『劫富濟貧』，在大家族裡進行利益再分配，『損有餘補不足』，覺得叔叔家經濟條件不好，那就讓經濟條件好的我家多給叔叔家一點，這樣大家互相幫襯，日子就會好起來，一大家子日子才會好起來，說出去，才好聽、好看……

可是這樣是不對的，就像我那兩個弟弟一樣，他們自己不努力，他們自己不覺得自己有問題，外人再怎麼幫都沒用，他們還可能往後退，他們還可能會討厭你們所做的這一切……

說到他們要生二胎這件事，我真是無奈。

他們想生二胎的理由真是奇葩得很。

怕我以後孤單，沒有兄弟姊妹相互扶持。

這個理由不成立。

但我總是想不明白，他們到底怎麼想的。

我還不夠好嗎？他們還不滿意我嗎？我成績很好，一直很穩定，將來考頂大沒問題。我已經想好了，將來我會學金融和心理，到國外讀博士，然後在那裡定居，再把他們接過去一起生活。

……他們不會也是因為家裡沒有男孩而想生個男孩吧？」

U 似乎突然想到了什麼，驚奇地瞪大雙眼看著我。

「我的天啊！什麼年代了，他們還這樣？」

U 沉默了很久。

「你看，我媽也很優秀，並不因為她是女人就比別人差；我爸並不因為他沒有兒子就比別人差呀，他還是家族裡最優秀的人，比叔叔姑姑都強很多，為什麼他們就這麼想不開呢？

可是，他們就是這樣想不開，不是嗎？」

【給家長的建議】

1. 魔咒可能解不開，但是如果我們知道那是什麼，會好很多

我們都生活在一定的社會文化之下，或深或淺地受著影響，就像一道魔咒。社會文化的演進是漫長的，可能會在某一個瞬間突進，但更多的時候是在慢慢地積聚力量和演變。其間我們每一代人都在受它的影響，無力改變。所以，有時候我們會覺得人在社會習俗之下是如此的渺小。

但是，要改變，第一步是了解「那是什麼」。

如果時機未到，改變不了，至少我們知道自己是受什麼限制，就像交戰的雙方，我們知道對手是誰，遠比一無所知時內心更加堅定，也會有更多的希望。

而今，社會已經非常開明，很多問題解決不了並不是因為不能，而是因為我們還不明確「那是什麼」。

所以，我們都需要不斷地學習，認知這個世界、了解我們自己。知道自己受什麼限制，才能設法破除。

任何時候，我們都需要做個「明白人」，知道自己的局限，知道自己會受哪些因素影響，知道自己可以做到哪一步，知道哪些是自己可能真的無法突破的……

比如案例中，U 的父母一再猶豫的問題就是：想再生個男孩，似乎他們都覺得一個家庭裡沒有男孩始終不夠完美。

如果爸爸媽媽能夠明白子女對於家庭的意義，社會文化對於男女性別認知的變化，自己對於性別文化的看法等等，也許焦慮會降低很多。

2. 接納自己、愛自己，是走向幸福的第一步

比如案例中，U 媽媽因為女性身分而自卑，因此，她很在意別人對自己的看法，她很想做到最好，很想獲得所有人的愛。這使得她在後來的生活中努力去做一個「優秀的」、「無可挑剔」的人。但她並沒有因此而得到快樂，反而更加焦慮，因為，不可能讓這世上的所有人都喜歡自己，對自己滿意。她提到，U 已經很好了，還是不能得到讚美，她覺得僅僅是因為 U 是女孩，所以，她替 U 感到不值。其實，也許可以這樣理解──「U 媽媽是在替自己、替那個多年來一直沒有得到尊重和喜愛的自己感到不值」。實際上，多年來一直沒有尊重 U 媽媽、不喜歡 U 媽媽的正是 U 媽媽自己，是她自己不接受自己的女性身分。

所以，接納自己真實的樣子，愛自己真實的樣子，不為了討好別人而去偽裝、去為難自己，是走向幸福的第一步。

【給孩子的建議】

1. 接納差異，時代是我們每個人身上的烙印

每個人之所以獨特，就因為他既是個人意志的產物，又是時代精神的作品，逃不開外在環境的影響、束縛。所以，我們解讀文學作品裡的人物或者歷史人物時都不能脫離時代背景，更何況是一個活生生的人呢？

時代越進步，人的自由度越大，思維越開放。可是我們不能因此就去苛責老一輩的人保守、落後、愚昧，因為這不公平。

如果我們承認差異永遠存在，在每一個個體之間、在每一代人之間……那很多問題就不再那麼尖銳，我們需要的就是，求同存異地解決問題。

所以，想想我們也終將被我們的子女超越，那麼就一切都釋然了。

2. 明確責任，也協助達成心願

每個人都應該為自己的行為負責，作為家人，我們也有責任去協助他們達成心願。

當我們希望家人能理解我們、支持我們時，也就意味著，

家人對我們享有同樣的權利。

就這個個案而言，U 可以跟父母開誠布公地言明自己的各種考慮和擔心，請父母認真考慮在目前狀況下養育第二胎可能出現的各種問題、將來可能需要面對的狀況，並提出相應的對策。雖然計畫沒有變化快，但是如果我們事前有備案，即便將來情況轉變，發生了意料之外的事，也會因為我們做過周密的思考，而不至於手忙腳亂。

在此前提下，父母也許會基於現實的考慮而改變初衷，如果父母做了全方位的考量，仍然堅持養育二胎，那我們作為家人就應該給予支持和幫助，而不再是一味地反對和等著看笑話的態度。

這才是「家人」一詞的真正含義。

第二十章　我是誰
—— 背負著原罪的孩子

V 是高三年級的女生，她來找我是因為聽了我的講座，心中有疑問需要解答。

同樣，因為需要建立信任感，也因為高三了，時間上很難協調，我們的關係建立進行得很不順利。一個多月的時間，我們一直在討論關於個人申請要考慮的因素、哲學上的生與死、愛情中的忠誠與背叛等話題，看起來都很重要，但我總覺得有什麼東西隱藏在後面。

終於有一天，V 跟我說她有個問題想跟我討論，關於她的出生。

V 一直都生活得如同別的孩子一樣，至少在她自己看來是這樣 —— 有爸爸媽媽、有外婆外公、有個幸福的小家庭，雖然爸爸不常出現，因為爸爸常常忙於工作。

直到初三那年，媽媽因為一場急病突然去世，V 非常悲痛，因為長期以來是媽媽常伴自己左右，關心自己的冷暖和生活、課業。家裡為媽媽操辦喪事時，爸爸終於出現了，V 的心裡感受到一些溫暖，覺得自己還是有親人的。V 怯生生地來到爸爸身邊，剛想跟爸爸說上幾句話，這時幾個舅舅突然衝了過來，不由分說地把爸爸五花大綁，還用紙錢堵上了嘴，連拉帶扯地把爸爸帶到媽媽的棺木旁邊。

V 蒙了，跟著人群一起擠過去，想看看到底發生了什麼。沒想到，舅舅們就把爸爸抬起來，放進媽媽的棺木，爸爸奮力地掙扎，滿臉驚恐，嘴裡發出各種哀號，舅舅們有幾個將爸爸按住，有幾個將棺蓋抬了過來，作勢要蓋上……

這是要將爸爸和媽媽一起封在棺木裡？

V瘋了似的衝開人群，喊叫著，撲過去，要阻止舅舅們這樣做。這時，幾個舅媽出手了，她們紛紛上前拉開V，有的大聲說：「妳不懂，妳別管！」有的說：「把她拉開，別讓她看到，別把她嚇到了，她還什麼都不知道。」

V更糊塗了。

「我不知道什麼？是關於媽媽的死亡嗎？是媽媽死了需要爸爸陪葬嗎？這些大人之間到底發生了什麼？……」

V的爸爸是手中握有權力的公職人員，媽媽是很有名望的家族的女兒。其實，他們並沒有真正建立合法的婚姻關係，也就是說，V是非婚生子女，爸爸媽媽的婚姻關係是非法的，因為爸爸還有一個合法的妻子和兒子，他們都生活在市區。

但是，因為外婆家在當地很有話語權，V還有好幾個很有本事的舅舅和很多親戚，所以，V從來沒覺得自己的家庭和別人家有什麼不同，只是爸爸不常在家。不過，大家都說爸爸很有本事，很忙，平時都在市區上班，所以很少回家。

後來有一次，V有個遠房表姐憂心忡忡地問V：要是有一天妳發現一些妳難以理解和接受的事，妳會怎麼辦？

V覺得這個表姐好奇怪，反問道：「會有什麼事是我難以理解和接受的？」

表姐說：「妳想過嗎，為什麼你爸爸很少在家？」

V看著這個表姐，說：「妳什麼意思？妳想說什麼？」

表姐默默地看著V，好像有很多話想說，但是，幾次囁嚅，終於沒有說出任何話。最後，她拉著V的手，說：「要是妳遇到什麼困難，妳可以跟我說。」

後來，爸爸偶爾回家，媽媽就會和爸爸說一些事，爸爸就會不怎麼高興，然後他們就會吵起來，不歡而散。那時，V很害怕，擔心爸爸媽媽可能會離婚，擔心自己會失去完整的家庭，會成為只有爸爸或者只有媽媽的離異家庭子女，而且她很有可能會跟著媽媽。因為爸爸對她而言還是比較陌生的，她是媽媽從小帶大的，媽媽很可能不會同意她跟著爸爸，而且，她也可能不會習慣跟著爸爸生活，而不是跟著媽媽。

V跟媽媽談到過這個話題。

媽媽這時就會很憂鬱，似乎有很多話不知從何說起。

最後，媽媽總是會說：「別擔心，媽媽會跟妳在一起的。」

V鬆了一口氣，但是很快又更加不安，因為聽起來，好像爸爸媽媽真的要離婚了……

後來，媽媽突然得急病去世了。

V沉浸在無比的悲痛中，想著媽媽還是走了，自己的家還是散了，爸爸會不會要她呢？要是爸爸不要她，她又該怎麼活下去呢？聯想到平日裡，幾個舅舅雖然都很有本事的樣子，但是跟她好像都不是很親，幾個舅媽和表姐表哥跟她也不是很親近……突然間，V 覺得自己在這個世界上其實只有媽媽，而現在媽媽走了！

今後該怎麼辦？

爸爸在外地，直到媽媽要下葬的頭一天，他才匆匆趕回來。

原本 V 以為，爸爸回來了，自己的日子可能會有盼頭……沒想到，舅舅們想要把爸爸和媽媽一起埋了……

有太多的資訊突然出現，V 根本無法處理，像是要崩潰了……

V 病了半個月。

半個月裡，V 一直在發高燒，渾渾噩噩的，經常做夢，夢到媽媽回來了，要帶她離開；又會夢到她小時候爸爸媽媽帶她去動物園玩，結果爸爸掉進獅虎區，眼看著就要被吃掉了；又夢到她一個人在荒郊野外哭，卻引來了一群穿著衣服的惡狼，牠們圍在她身旁，像是要吃掉她……

V 病好了，發現是那個遠房表姐一直在照顧自己。這時，V 似乎明白了一些事。後來，從表姐口中 V 才得知真相：

她的媽媽和爸爸沒有合法的婚姻關係，媽媽居然是「小三」，因為爸爸在市區有家庭，有妻子和兒子。只是因為爸爸手中握有實權，媽媽的家人才讓媽媽和爸爸在一起，利用這種關係從爸爸手中獲得很多好處。爸爸也因為媽媽年輕貌美而喜歡媽媽，原本就沒想過要結婚，媽媽也不提結婚，後來有了孩子，媽媽也沒有要爸爸離婚，默默地生下了V，獨自養育。因為這層關係和媽媽背後的家族，爸爸只好不斷地給予媽媽的家族一些利益，但是，後來媽媽這邊要的越來越多，而且有些是爸爸真的無權也不敢做的事，於是，就出現了爸爸和媽媽之間的齟齬，最後弄得不歡而散。後來爸爸就很少回家，直到媽媽得急病去世。爸爸得到通知後，也不想回來，原想著人都死了，就一了百了，今後少了瓜葛。但是抵不上媽媽的家人不斷派人去找，爸爸怕媽媽的家人真的把事情鬧大，就想回來把事都說開，大家好聚好散。

沒想到，自己帶的幾個兄弟來了也沒用，畢竟媽媽家人多勢眾，那幾個兄弟根本發揮不了作用，都被遠遠地隔在外圍，根本無法靠近爸爸，更談不上保護爸爸。

後來就出現了舅舅們要把爸爸跟媽媽一起合葬的情形。

再後來，警察平息了這件事。

至於爸爸究竟怎樣了，表姐也不清楚，隱約聽親戚說，爸爸好像因為這次的事丟掉了公職，還被判了刑，也離了婚。

而V現在成了無父無母的孤兒，在外婆家，V感到自己什麼都不是，什麼都沒有，非常自卑，非常羞恥。有時候，V會想，為什麼自己不隨媽媽一起去死，這樣就不會只留下她一個人在這個世界上孤孤單單、可恥、可悲……

有時候V很恨爸爸，覺得他太不負責任，明明自己有家庭，還在外面拈花惹草，結果弄得自己身敗名裂，害人害己。

有時候V也很恨媽媽，覺得媽媽是個沒有廉恥的壞女人，明知道爸爸有家室，還要跟他在一起；明知道自己不過是家族利益的一枚棋子，還是要這樣走下去，真是沒有自知之明。

有時候又會覺得自己的外婆和舅舅們都很自私，怎麼能把自己的女兒、自己的妹妹當成工具來利用，以此獲得家族利益。

有時候，V覺得自己的人生太戲劇化了，真像是小說、電影裡的故事，沒想到還真有這樣的事情發生在現實世界裡。

V病好後，轉到了一個誰也不認識的地方讀書。

V原想著，現在她只有自己了，她只能靠自己了，於是，V發奮讀書，希望考上外地的好大學，永遠離開這個地方，再也不回來了，要在誰也不認識她的地方重新開始。

可是，畢竟國三時發生的事對V的影響非常深刻，使V有時候會不由自主地分神，而且，國三正是考高中的關鍵時期。會考時，V沒考好，只能到一所私立高中讀書。

在整個高中階段，V深深地掩藏自己，不希望引起任何人的注意。

整個高中，V沒有朋友，也沒有親人，放長假，V也待在宿舍不回家。V就一個人默默地生活，直到高三，馬上就要學測了，馬上就要實現自己的夢想，有機會離開這個地方了……

「我是誰？有資格出生在這個世界上嗎？要是當初媽媽沒

有生我，我也就不用去經歷這些人世間的痛苦，看到這麼多的醜陋。我是『小三』生的孩子，我是法律上不允許的存在。我是罪惡的、慾望的產物，我是媽媽為了捆住爸爸而出生的，我是來自地獄的，還沒出生就渾身帶著邪惡的氣息……」

雖然像V這樣的經歷我們日常比較少聽聞，但是與之類似的事時有發生。自從人類誕生，伴隨著慾望而來的各種罪惡屢見不鮮。也許身處其中，每個人都有自己的理由，但是並不能因此就認為這是可以被允許的。

【給家長的建議】

1. 珍視自我，不要使自己沉淪而不自知

也許世間的艱辛不是外人可以了解的，但是，我們既然生而為人，就應該珍視自己的「自主權」，要時刻掌握自己人生的舵，不要隨波逐流，不要成為自己或別人的工具而不自知。

2. 要對子女負責，不要使子女跟自己一起沉淪

如果說，父母對子女的愛是這世上最深沉的愛，那就應該為孩子好好地謀劃未來，而不是將孩子也當作自己的工具去達到自己或別人的目的。

【給孩子的建議】

1. 命運也許不公，為自己賺出一片天

也許有些人一出生就是一手爛牌，但是，真正的人生贏家即便是一手爛牌也能打贏，即便不能大獲全勝，至少沒有向不公的命運低頭，也是一種勝利。

2. 不要質疑自己，人生的意義是過程賦予的，而不是出生賦予的

對於 V 而言，除了經歷了媽媽的死亡，爸爸的坐牢，外婆家的利用和背棄，還有個很大的困難是對於自己出生的合理性的質疑，尤其是當她處於青春期，「自我同一性」成為很重要的人生課題之時。

非婚生子女，媽媽是「小三」的尷尬身分，V 對自己的出生合理性產生了質疑 —— 我是被允許出生的嗎？我的出生是受到期許和祝福的嗎？

以致後來，V 產生「自己和媽媽都是被利用的工具」的看法時，V 更加對自己的身分產生懷疑，覺得自己是作為一件工具被帶到這個世界……當一個人對自身的身分合理性、合法性產生懷疑時，人生會非常困難。

但是，真正帶給我們希望和使我們偉大的要素並不是我們的出生，而是我們自己一路的奮鬥。

所以，不要質疑自己出生的合理性，不要質疑自己，要相信，既然我們出生了，我們就是受歡迎的，就是受到祝福的。餘下的就是我們透過自己的努力去看到我們出生的真正緣由和意義，那是上天賦予的，也是我們自己爭取和創造的。

電子書購買　爽讀 APP

國家圖書館出版品預行編目資料

無法逃脫的牽絆，當「家」成為痛苦的起點：假性孤兒 × 毒犯父母 × 重男輕女 × 外遇私生子，從「投胎」開始就犯錯的他們，透過諮商一步步走回正途 / 譚寶屏 著 . -- 第一版 . -- 臺北市 : 樂律文化事業有限公司 , 2024.09
面；　公分
POD 版
ISBN 978-626-7552-28-5(平裝)
1.CST: 親子關係 2.CST: 親子溝通 3.CST: 親職教育
528.2　　113013155

無法逃脫的牽絆，當「家」成為痛苦的起點：假性孤兒 × 毒犯父母 × 重男輕女 × 外遇私生子，從「投胎」開始就犯錯的他們，透過諮商一步步走回正途

臉書

作　　者：譚寶屏
責任編輯：高惠娟
發 行 人：黃振庭
出 版 者：樂律文化事業有限公司
發 行 者：崧博出版事業有限公司
E-mail：sonbookservice@gmail.com
粉 絲 頁：https://www.facebook.com/sonbookss/
網　　址：https://sonbook.net/
地　　址：台北市中正區重慶南路一段 61 號 8 樓
8F., No.61, Sec. 1, Chongqing S. Rd., Zhongzheng Dist., Taipei City 100, Taiwan
電　　話：(02) 2370-3310　　傳　　真：(02) 2388-1990
律師顧問：廣華律師事務所 張珮琦律師
定　　價：375 元
發行日期：2024 年 09 月第一版
◎本書以 POD 印製